NEW
GENERATION
KOREAN
2
WORKBOOK

Intermediate Level

NEW GENERATION KOREAN

WORKBOOK

2

Mihyon Jeon
Kyoungrok Ko
Daehee Kim
Yujeong Choi
Ahrong Lee

UNIVERSITY OF TORONTO PRESS
Toronto Buffalo London

ISBN   978-1-4875-4425-6 (paper)
ISBN   978-1-4875-4426-3 (PDF)

Publication cataloguing information is available from Library and Archives Canada.

This work was supported by Core University Program for Korean Studies through the Ministry of Education of the Republic of Korea and Korean Studies Promotion Service of the Academy of Korean Studies (AKS-2018-OLU-2250001).

University of Toronto Press acknowledges the financial assistance to its publishing program of the Canada Council for the Arts and the Ontario Arts Council, an agency of the Government of Ontario.

Contents

편한 운동화가 필요해요.

대화 1

- ▸ 단어 및 표현 1
- ▸ 문법 1 –(으)려고 하다: Intention or plan
- ▸ 문법 2 –ㄴ/은: Noun–modifying form (Adjective)
- ▸ 문법 3 –어/아 보세요: Making suggestions
- ▸ 더 나아가기 1

대화 2

- ▸ 단어 및 표현 2
- ▸ 문법 4 –ㄴ/은/는데: Background information
- ▸ 문법 5 –어도/아도 되다: Seeking/giving permission
- ▸ 문법 6 입다/신다/쓰다/하다/끼다/차다/메다/매다: To wear
- ▸ 더 나아가기 2

대화 1

단어 및 표현 1

A Match each colour word with the item that is the same colour.

1. 빨간색 •

2. 노란색 •

3. 회색 •

4. 파란색 •

5. 하얀색 •

6. 까만색 •

B Choose the word that corresponds to each picture.

| 반바지 | 운동화 | 핸드백 | 선물 | 장갑 | 안경 |

1.

2.

3.

4.

5.

6.

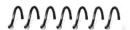

C **Choose the most appropriate word.**

한번 계획 유럽 처음

1. 다음 주에 _____에 가요. 스페인하고 포르투갈을 구경하려고 해요.

2. 지난주에 감자탕을 _____ 먹었어요. 아주 맛있었어요.

3. 이번 방학 때 특별한 _____ 있어요?

4. 이 케이크 제가 만들었어요. _____ 먹어 보세요.

D **Fill in the blanks with the corresponding words.**

다르다	예쁘다	넓다	편하다
To be quiet	To be famous	To be thick	To be close

한국어	영어	한국어	영어
	To be different	친하다	
두껍다			To be spacious
조용하다		유명하다	
	To be convenient		To be pretty

E **Choose the most appropriate words for the blanks.**

1. 오늘 방을 청소했어요. 그래서 방이 _____.

   ① 나빠요   ② 깨끗해요   ③ 작아요   ④ 조용해요

2. 이 구두는 예쁘고 _____.

   ① 두꺼워요   ② 짧아요   ③ 친해요   ④ 편해요

3. 저 사람은 아주 _____. 케이팝 가수예요.

   ① 편해요   ② 조용해요   ③ 유명해요   ④ 짧아요

4. 가방이 _____ 좋아요. 안 무거워요.

   ① 가벼워서   ② 비싸서   ③ 커서   ④ 유명해서

5. 민호하고 저는 _____ 자주 만나요.

   ① 멀어서   ② 작아서   ③ 멋져서   ④ 친해서

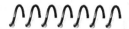

문법 1 –(으)려고 하다: Intention or plan

끼다 to wear
고향 hometown
댁 house (honorific)
팔 arm

F Match each phrase on the left with the correct ending on the right.

1. 장갑을 끼다 •
2. 사진을 찍다 •
3. 케이크를 만들다 •   • –으려고 해요.
4. 여기에서 기다리다 •
5. 케이팝 음악을 듣다 •   • –려고 해요.
6. 책을 빌리다 •

G Complete the table using –(으)려고 해요.

Verbs	–(으)려고 해요	Verbs	–(으)려고 해요
먹다		자다	
읽다		배우다	
입다		만들다	
듣다		살다	
걷다		놀다	

H Choose the most appropriate expressions for the blanks.

1. _____. 방학 때 할머니 댁에 가려고 해요.

  ① 방학이 벌써 끝났어요   ② 다음 주부터 방학이에요
  ③ 즐거운 방학을 보냈어요   ④ 저는 할머니하고 같이 살아요

2. _____. 그래서 내일 파티를 하려고 해요.

  ① 어제 한국 음식을 먹었어요   ② 친구하고 수영장에 갔어요
  ③ 친구가 고향에 돌아갔어요   ④ 내일 친구 생일이에요

3. 농구를 잘하고 싶어요. 그래서 _____.

  ① 열심히 연습하려고 해요   ② 산책하려고 해요
  ③ 친구를 만나려고 해요   ④ 학교에 가려고 해요

4. 방학 동안 _____. 그런데 팔을 다쳐서 못 배웠어요.

  ① 프랑스어를 배우려고 했어요   ② 아르바이트를 하려고 했어요
  ③ 농구를 배우려고 했어요   ④ 여행을 가려고 했어요

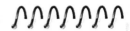

열이 나다 to have fever

I **Complete the conversations with the most appropriate words, using −(으)려고.**

가르치다   산책하다   졸업하다   가다   만들다

1. A: 공원에서 뭐 하려고 해요?

   B: _____ 해요.

2. A: 이번 방학 때 뭐 할 거예요?

   B: 여행을 _____ 해요.

3. A: 다음 학기에 뭐 할 거예요?

   B: 한국에서 영어를 _____ 해요.

4. A: 오늘 저녁은 뭐 먹을 거예요?

   B: 집에서 음식을 _____ 해요.

J **Complete the conversations using −(으)려고 with the cue phrases.**

예 A: 얼굴이 안 좋아요. 어디 아파요?

B: 네, 머리가 아프고 열이 나서 지금 병원에 가려고 해요. (to go to the hospital)

1. A: 유나 씨, 오후에 뭐 할 거예요?

   B: 커피숍에서 _____. (to meet friends)

2. A: 다운타운에 어떻게 가세요?

   B: 지하철이 빨라서 _____. (to take a subway)

3. A: 지금 왜 백화점에 가세요?

   B: 내일 친구 생일이에요. 그래서 _____. (to buy a gift)

4. A: 이번 방학 때 _____. (to learn the piano)

   B: 저도 요즘 배우고 있는데 재미있어요.

K **저스틴 plans to go to Korea during school vacation. Based on the items in his luggage, describe what you think he plans to do, using −(으)려고 해요 as in the example.**

예 저스틴은 한국에서 수영을 하려고 해요.

1. 비행기 안에서 음악을 _____.

2. 비행기 안에서 한국어를_____.

3. 한국 친구한테 선물을_____.

4. 한국에서 사진을_____.

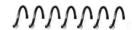

길다 ㄹ to be long
무섭다 ㅂ to be scared
코트 coat
머리 hair
낮다 to be low

2 **-(으)ㄴ/는: Noun-modifying form (Adjective)**

L Choose the correct noun-modifying form.

Adjectives	Noun-modifying form	Adjectives	Noun-modifying form
좋다	(좋은 / 좋는) 가방	크다	(크는 / 큰) 집
작다	(작는 / 작은) 시계	예쁘다	(예쁜 / 예쁘은) 구두
넓다	(넓는 / 넓은) 방	조용하다	(조용한 / 조용하는) 교실
낮다	(낮은 / 낮는) 빌딩	비싸다	(비싸은 / 비싼) 옷
재미있다	(재미있는 / 재미있은) 책	춥다	(추운 / 춥는) 캐나다
맛없다	(맛없는 / 맛없은) 음식	쉽다	(쉽은 / 쉬운) 한국어
길다	(길은 / 긴) 머리	멀다	(먼 / 멀은) 학교
무섭다	(무섭은 / 무서운) 영화	맛없다	(맛없는 / 맛없은) 음식

M Choose the most appropriate words for the blanks.

1. 어제 친구하고 같이 _____ 영화를 봤어요.

   ① 재미있고   ② 재미있는   ③ 재미있은   ④ 재밌은

2. 캐나다 겨울은 추워요. 그래서 _____ 코트가 필요해요.

   ① 두꺼운   ② 깨끗한   ③ 가벼운   ④ 짧은

3. A: 마리아 씨는 머리가 길어요?

   B: 네, 저기 머리가 _____ 사람이 마리아 씨예요.

   ① 짧은   ② 깨끗한   ③ 긴   ④ 길은

N Complete the sentence using the cue word as in the example.

> 예
> 이 티셔츠 너무 커요. 좀 <u>작은</u> 옷 있어요? (작다)

1. 이 바지가 너무 길어요. 좀 _____ 바지 있어요? (짧다)

2. 이 치마는 좀 비싸네요. 좀 _____ 치마 있어요? (싸다)

3. 이 구두가 높아요. 좀 _____ 구두 있어요? (낮다)

4. 떡볶이가 너무 매워요. 좀 안 _____ 음식 있어요? (맵다)

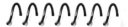

Ⅰ **Complete the sentences with the most appropriate words. Use each word only once.**

인사하다 to greet
선글라스 sunglasses
삼계탕 ginseng chicken soup
시원하다 to be cool
코미디 comedy
보내다 to spend (time)
즐겁다 ㅂ to be enjoyable

> 따뜻한   매운   멋진   친한   편한

1. A: 인사하세요. 여기는 제니퍼예요. 저하고 가장 _____ 친구예요.

   B: 안녕하세요? 제니퍼 씨. 만나서 반갑습니다.

2. A: 어떤 음식 먹고 싶어요?

   B: _____ 음식을 먹고 싶어요.

3. A: 무슨 계절 좋아하세요?

   B: 저는 날씨가 _____ 봄이 좋아요.

4. A: 저는 _____ 선글라스를 사고 싶어요.

   B: 그럼, 백화점에 한번 가 보세요.

5. A: 이 구두 어때요?

   B: 이쁜데 저는 _____ 운동화가 더 좋아요.

Ⅱ **Rewrite the text using –ㄴ/은/는, as in the example.**

> 예
>
>   지난 주말에 날씨가 아주 좋았어요. 저는 토요일 점심 때 한국 식당에서 친구를 만났어요. 저는 감자탕을 먹었어요. 감자탕이 아주 (1) 매웠어요. 친구는 삼계탕을 먹었어요. 삼계탕은 (2) 맛있고 맵지 않았어요. 밥을 먹고 친구하고 커피숍에서 주스를 마셨어요. 주스가 아주 (3) 시원했어요. 그리고 영화를 보러 갔어요. 그 영화는 코미디 영화였어요. 아주 (4) 재미있었어요. 토요일이 (5) 즐거웠어요.

⬇

>   지난 주말은 아주 좋은 날씨였어요. 저는 토요일 점심 때 한국 식당에서 친구를 만났어요. 저는 아주 (1) _____ 감자탕을 먹었어요. 친구는 (2) _____ 삼계탕을 먹었어요. 밥을 먹고 친구하고 커피숍에서 아주 (3) _____ 주스를 마셨어요. 그리고 영화를 보러 갔어요. 그 영화는 아주 (4) _____ 코미디 영화였어요. (5) _____ 토요일이었어요.

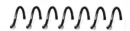

춤추다 to dance
묻다 ⓒ to ask
스트레스 stress

 3 **−어/아 보세요: Making suggestions**

Q **Complete the table using −어/아 보세요.**

Verbs	−어/아 보세요	Verbs	−어/아 보세요
먹다		마시다	
읽다		배우다	
입다		만들다	
듣다		춤추다	
걷다		찍다	

R **Match the sentences to complete the conversations.**

1. A: 이 모자 예뻐요.　　　•　　　• B: 백화점에 가 보세요.

2. A: 머리가 아파요.　　　•　　　• B: 떡볶이를 먹어 보세요.

3. A: 예쁜 가방을 사고 싶어요.　•　　　• B: 친구한테 전화해 보세요.

4. A: 매운 음식 좋아해요.　　•　　　• B: 약을 먹어 보세요.

5. A: 친구가 보고 싶어요.　　•　　　• B: 한번 써 보세요.

S **Complete the sentences with the words in the box, using −어/아 보세요.**

듣다	만나다	먹다	묻다	보내다	읽다	신다

1. 이 신발 예쁘지요? 한번 _____.

2. 이 책이 아주 재미있어요. 한번 _____.

3. 스티브는 아주 좋은 친구예요. 한번 _____.

4. 친구가 보고 싶지요? 그럼, 이메일을 _____.

5. 스트레스가 많아요? 그럼, 음악을 한번 _____.

6. 비빔밥이 아주 맛있어요. 한국 식당에서 한번 _____.

7. 한국어가 너무 어려워요? 그럼, 선생님한테 한번 _____.

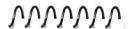

T **Complete the conversation using the words in the parentheses.**

물건 items
전통 tradition
찻집 tea house
한복 hanbok; Korean traditional clothes
낚시하다 to fish

마리아 토니 씨, 저는 주말에 인사동에 가려고 해요.

토 니 아, 그래요? 저도 인사동을 좋아해서 자주 가요.

마리아 정말요?

토 니 네, 옛날 물건들이 많아서 좋아해요. 한번 _____ .
(구경하다) 전통 찻집에서 차도 _____ . (마시다)

마리아 네, 저도 마셔 보고 싶네요.

토 니 그럼, 주말에 같이 _____ . (가다)

U **Make suggestions based on the picture, as in the example.**

예

한복을 입다

한복을 입어 보세요.

1.

공원에서 산책하다

공원에서
_____ .

2.

길을 걷다

길을
_____ .

3.

그림을 그리다

그림을
_____ .

4.

바다에서 낚시하다

바다에서
_____ .

5.

호수에서 수영하다

호수에서
_____ .

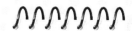

죄송하다 to be sorry
건강에 좋다 to be good for health

더 나아가기 1

V **Listen to the conversation and answer the questions.**

1. 두 사람은 지금 어디에 있어요?

   ① 식당 　　　② 지하철 　　　③ 은행 　　　④ 가게

2. Choose the correct statement.

   ① 여자는 지갑을 사러 왔어요.
   ② 여자는 까만색 장갑을 샀어요.
   ③ 여자는 빨간색 장갑을 못 샀어요.
   ④ 여자는 장갑을 사러 다시 올 거예요.

W **Listen to the conversation and answer the questions.**

1. Choose the correct statement.

   ① 여자는 수영을 잘해요. 　　　② 남자는 수영 선생님이에요.
   ③ 남자는 수영을 좋아해요. 　　　④ 여자는 수영 수업을 들었어요.

2. 남자는 왜 수영을 좋아해요?

   ① 재미있고 쉬워요. 　　　② 재미있고 건강에도 좋아요.
   ③ 수영 수업이 재미있어요. 　　　④ 수영 수업이 있어요.

3. 수영 수업은 언제 있어요?

   ① 월요일 　　　② 화요일 　　　③ 금요일 　　　④ 일요일

X **Read the text and answer the questions.**

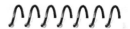

들어가다 to enter
고르다 ② to choose
주머니 pocket

> 저는 오늘 여행 가방을 사러 시장에 갔어요. 시장에는 가방 가게가 많았어요. 저는 제일 큰 가게에 들어갔어요. 거기서 예쁜 가방을 하나 골랐어요.
>
> **민호** 이 가방은 얼마예요?
> **점원** 10만 원이에요. 아주 가볍고 튼튼한 가방이에요.
> **민호** 가방이 마음에 들어요. 그런데 좀 비싸네요.
> **점원** 그럼, 9만 원 어때요?
> **민호** 좋아요. 이 가방 주세요.

1. Choose True or False.

   (1) 민호는 가방을 사러 백화점에 갔어요.   (T / F)

   (2) 민호는 10만 원을 주고 가방을 샀어요.   (T / F)

   (3) 민호는 가볍고 튼튼한 가방을 샀어요.   (T / F)

   (4) 민호는 여행 가방을 사러 시장에 다시 갈 거예요.   (T / F)

2. What kinds of luggage would you like to buy? Check the boxes that are important to you.

   ☐ 가벼워요   ☐ 튼튼해요   ☐ 예뻐요

   ☐ 주머니가 많아요   ☐ 커요   ☐ 싸요

3. Make five different combinations of adjectives about luggage based on Question 2, as in the example.

   > 예
   > <u>크고</u> <u>튼튼한</u> 가방을 사려고 해요.

   (1) _____

   (2) _____

   (3) _____

   (4) _____

   (5) _____

대화 2 💬

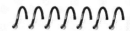
예약하다 to make a
reservation

단어 및 표현 2

A Choose the word from the box that corresponds to each picture.

| 양말 | 벨트 | 마스크 | 목걸이 | 반지 | 청바지 |

1.

2.

3.

4.

5.

6.

B Complete the conversations with the most appropriate words.

| 사이즈 | 잠시만 | 이따가 | 화장실 | 이민 |

1. A: 제니퍼 씨는 캐나다 사람이에요?

B: 네. 그런데 저희 부모님은 한국에서 _____ 오셨어요.

2. A: 민호 씨, 한국어 숙제가 너무 어려워요. 좀 가르쳐 주세요.

B: 네. 그런데 지금은 좀 바빠요. _____ 도와줘도 돼요?

3. A: 선생님, 저 _____ 에 가도 돼요?

B: 네, 빨리 다녀오세요.

4. A: 이 스웨터가 마음에 들어요.

B: 입어 보세요. _____이/가 어떻게 되세요?

5. A: 6시에 예약했는데요.

B: 네, _____ 기다리세요.

C Fill in the blanks with the corresponding words.

신다	튼튼하다	나가다	더럽다	태어나다
To be thin	To receive	To be touching		

한국어	영어	한국어	영어
	To be born		To be strong
	To wear (shoes)		To be dirty
받다			To go out
얇다		감동적이다	

D Choose the most appropriate words for the blanks.

1. 겨울옷은 두꺼운데 여름옷은 _____.

   ① 깨끗해요　　　② 얇아요　　　③ 커요　　　④ 더러워요

2. 방이 _____ 청소 좀 하세요.

   ① 깨끗한데　　　② 밝은데　　　③ 더러운데　　　④ 추운데

3. 한국어 읽기는 어려운데 말하기는 _____.

   ① 쉬워요　　　② 어려워요　　　③ 아름다워요　　　④ 멋져요

4. 부모님은 한국 사람인데 저는 미국에서 _____.

   ① 나갔어요　　　② 갔어요　　　③ 태어났어요　　　④ 탔어요

5. 지금은 시간이 없어요. _____ 전화해 주세요.

   ① 이따가　　　② 그런데　　　③ 여기요　　　④ 잠시만

6. 중국이 일본보다 _____ 더 커요.

   ① 아직　　　② 제일　　　③ 훨씬　　　④ 가끔

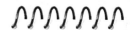
 4 **-ㄴ/은/는데: Background information**

E Complete the table using -ㄴ/은/는데.

Adjectives	-ㄴ/은데	Past tense	Verb	-는데	Past tense
좋다	좋은데	좋았는데	읽다	읽는데	읽었는데
비싸다			보다		
크다			쓰다		
예쁘다			듣다		
조용하다			운동하다		
멀다			만들다		
쉽다			모르다		

F Complete the sentences with the most appropriate expressions.

> 넓은데   큰데   추운데   조용한데   무거운데   짧은데

1. 수박은 _____ 딸기는 작아요.
2. 우리 집은 _____ 옆집은 시끄러워요.
3. 내 방은 _____ 동생 방은 안 넓어요.
4. 제 가방은 _____ 민호 씨 가방은 가벼워요.
5. 저는 머리가 _____ 제 동생은 머리가 길어요.
6. 토론토는 _____ 하와이는 따뜻해요.

G Complete the sentences with the most appropriate expressions.

> 타는데   먼데   막히는데   더러운데   오는데   기다리는데

1. 비가 _____ 우산이 없어요.
2. 형은 스키를 잘 _____ 바빠서 스키장에 자주 못 가요.
3. 친구 집이 _____ 운동하려고 걸어서 가요.
4. 버스를 _____ 버스가 안 와요.
5. 방이 너무 _____ 청소 좀 하세요.
6. 길이 _____ 지하철을 타세요.

Combine the two sentences into one, as in the example.

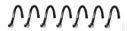

회사원 company worker

> [예]
> 어제는 피곤했어요. 그런데 오늘은 괜찮아요.
> → 어제는 <u>피곤했는데</u> 오늘은 괜찮아요.

1. 지난주에는 숙제가 많았어요. 그런데 이번 주에는 숙제가 없어요.

→ 지난주에는 숙제가 _____ 이번 주에는 숙제가 없어요.

2. 지난 주말에는 테니스를 쳤어요. 그런데 이번 주말에는 바빠서 못 쳐요.

→ 지난 주말에는 테니스를 _____ 이번 주말에는 바빠서 못 쳐요.

3. 옛날에는 자주 아팠어요. 그런데 지금은 건강해요.

→ 옛날에는 자주 _____ 지금은 건강해요.

4. 수미 씨는 작년에 학생이었어요. 그런데 지금은 회사원이에요.

→ 수미 씨는 작년에 _____ 지금은 회사원이에요.

Based on the table, compare the two characters using −ㄴ/은/는데.

저스틴	마리아
대학생이에요.	고등학생이에요.
캐나다 사람이에요.	필리핀 사람이에요.
아파트에 살아요.	기숙사에 살아요.
스케이트를 좋아해요.	스키를 좋아해요.
한국에 가 봤어요.	한국에 못 가 봤어요.

1. _____

2. _____

3. _____

4. _____

5. _____

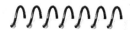

문법 5 –어도/아도 되다: Seeking/giving permission

에어컨 air conditioner
켜다 to turn on
교실 classroom
끄다 ◎ to turn off

J Complete the table using –어도/아도 돼요.

Verb	–어도/아도 돼요	Verb	–어도/아도 돼요
가다		마시다	
보다		앉다	
듣다		부르다	
쓰다		찍다	
노래하다		주다	

K Complete the sentences with the most appropriate expressions.

들어도 돼요	쳐도 돼요	열어도 돼요	찍어도 돼요

1. A: 박물관에서 사진을 _____ ?
   B: 아니요, 안 돼요.

2. A: 밤에 피아노를 _____ ?
   B: 시끄러워서 안 돼요.

3. A: 조금 더워요. 창문을 _____ ?
   B: 밖이 시끄러워요. 에어컨을 켜세요.

4. A: 교실에서 음악을 _____ ?
   B: 네, 괜찮아요.

L Provide appropriate questions for each conversation.

1. A: 내일 _____ 돼요?
   B: 네, 전화하세요.

2. A: 좀 추운데 문을 _____ 돼요?
   B: 네, 닫으세요.

3. A: 제가 볼펜이 없는데 이 볼펜을 _____ 돼요?
   B: 네, 쓰세요.

4. A: 수업 시간에 물을 _____ 돼요?
   B: 네, 드세요.

5. A: 다리가 아파요. 여기 _____ 돼요?
   B: 네, 여기 앉으세요.

6. A: 지금 공부하고 있어요. 텔레비전을 _____ 돼요?
   B: 그럼요. 끄세요.

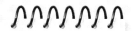

M **Make a conversation about what you can do in each place using −어도/아도 돼요.**

이어폰 earphone
노래방 karaoke

예		
도서관	A: 도서관에서 드라마 봐도 돼요?	
	B: 네, 이어폰 끼고 보세요.	

1. 지하철

A: _____?

B: _____.

2. 커피숍

A: _____?

B: _____.

3. 친구 집

A: _____?

B: _____.

4. 노래방

A: _____?

B: _____.

5. 극장

A: _____?

B: _____.

6. 교실

A: _____?

B: _____.

N **Write the word for each item and match the picture with the corresponding word for 'to wear' on the right.**

1.  _____ •

                                     • 입었어요

2.  _____ •

                                     • 신었어요

3.  _____ •

                                     • 했어요

4.  _____ •

                                     • 꼈어요

5.  _____ •

                                     • 멨어요

6. _____ •

                                     • 찼어요

Answer the questions based on the picture below.

조섭　션　　　린다　수잔

1. 션은 빨간 스웨터를 _____.

　① 입었어요　　　② 신었어요　　　③ 썼어요　　　④ 꼈어요

2. 조섭은 _____.

　① 청바지를 입었어요.　　　② 빨간 스웨터를 입었어요.
　③ 안경을 꼈어요.　　　④ 핸드백을 멨어요.

3. 수잔은 안경을 _____.

　① 했어요　　　② 멨어요　　　③ 꼈어요　　　④ 신었어요

Your father is coming to see you, but you cannot change your work schedule. So you want to ask your friend to pick him up from the airport. Describe his appearance to your friend based on the picture below.

예

우리 아버지는 녹색 스웨터하고 파란 바지를 입었어요. 그리고 노란 넥타이를 맸어요.

우리 아버지는 _____

_____

_____

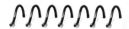

아이 child
안내 데스크 information desk
어머 oh
회색 grey
그때 then

더 나아가기 2

Q Listen to the conversation and choose the child that is missing.

①  ②   ③   ④

R Listen to the conversation and choose True or False.

1. 토니하고 마리아는 지난 주말에 같이 쇼핑하러 갔어요.   (T / F)

2. 토니는 까만색 모자를 샀어요.   (T / F)

3. 마리아는 지금 회색 스웨터를 입었어요.   (T / F)

S Choose the correct forms for both (a) and (b).

> 제 생일에 동생이 이 하얀색 구두를 사 줬어요. 이 구두는 예쁘고 편해요. 저는 치마를 자주 _____ (a) _____ 그때 이 구두를 _____ (b) _____ .

① (a) 신는데 – (b) 껴요

② (a) 입는데 – (b) 껴요

③ (a) 입는데 – (b) 신어요

④ (a) 신는데 – (b) 신어요

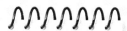

갈색 brown
후드 티 hoodies

T **The following are text messages between 비비안 and 제니퍼. Choose the correct statement about the messages.**

① 제니퍼가 비비안한테 사진을 보냈어요.

② 제니퍼는 오늘 청바지를 입었어요.

③ 비비안은 까만 구두를 신었어요.

④ 비비안은 빨간 운동화를 신었어요.

U **You have a blind date today. You will have to send your date a description of your looks and clothes so that he/she can recognize you at your first meeting. Write a brief description of what you look like and what you are going to wear today.**

> 예
>
> 저는 머리가 짧고 갈색이에요. 빨간 후드 티하고 청바지를 입을 거예요. 까만 운동화를 신을 거예요.

_____

_____

_____

제주도에 가 봤어요.

대화 1

단어 및 표현 1

A Choose the word that corresponds to each picture.

| 볼링 | 표 | 공항 | 섬 | 졸업 | 경기 |

1.

_____

2.

_____

3.

_____

4.

_____

5.

_____

6.

_____

B Choose the most appropriate expressions for the blanks.

| 여기저기 | 특히 | 엄청 | 열심히 | 경험 | 드디어 | 반 | 휴가 |

1. 이번 _____ 때 유럽에 갈 거예요.

2. _____ 다음 주가 방학이에요. 그래서 아주 신나요.

3. 다음 주에 친구하고 홍대 _____을/를 다닐 거예요.

4. 저는 볼링을 _____ 좋아해요. 그래서 볼링장에 자주 가요.

5. 다니엘은 과일을 좋아해요. 그중에서 _____ 사과를 아주 좋아해요.

6. 내일 시험이 있어요. 그래서 지금 도서관에서 _____ 공부하고 있어요.

7. 비비안 씨는 저하고 같이 한국어 수업을 들어요. 같은 _____ 친구예요.

8. 1년 동안 공항에서 아르바이트를 했어요. 좋은 _____이었어요/였어요.

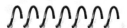

땀을 흘리다 to sweat

C **Match the words on the left with the corresponding words on the right.**

1. 기억에 •   • 가볍다

2. 마음이 •   • 닦다

3. 고장이 •   • 감다

4. 이를 •   • 남다

5. 상을 •   • 나다

6. 머리를 •   • 타다

D **Choose the most appropriate words for the blanks.**

1. 오늘 너무 더워서 땀을 많이 흘렸어요. 지금 _____ 싶어요.

   ① 졸업하고   ② 샤워하고   ③ 다녀오고   ④ 설거지하고

2. 다음 주에 피아노 콩쿠르에 _____. 그래서 열심히 연습하고 있어요.

   ① 다녀요   ② 발표해요   ③ 끝내요   ④ 나가요

3. 한국에는 산이 많아요. 그래서 사람들이 자주 _____.

   ① 세워요   ② 올려요   ③ 등산해요   ④ 가져가요

4. 컴퓨터가 고장 나서 _____.

   ① 기뻤어요   ② 가벼웠어요   ③ 떨렸어요   ④ 속상했어요

5. 오늘 비행기 표를 사러 _____ 에 갔어요.

   ① 여행사   ② 회사   ③ 축제   ④ 극장

E **Fill in the blanks with corresponding words.**

한국어	영어	한국어	영어
	To graduate		To wash
	To visit	관광하다	
떨리다			To be happy
	To present		To finish

F **Complete the table using -어/아 봤어요.**

Verbs	-어/아 봤어요	Verbs	-어/아 봤어요
먹다		가르치다	
읽다		마시다	
입다		만들다	
듣다		살다	
쓰다		부르다	

G **Provide two activities that you have done in each place, using -어/아 봤어요.**

Places	Activity 1	Activity 2
1. 한국 식당에서	감자탕을 먹어 봤어요.	
2. 도서관에서		
3. 지하철에서		
4. 노래방에서	춤 춰 봤어요.	
5. 화장실에서		

H **Interview your classmates based on your experience in G.**

Question with -어/아 봤어요	친구 1:	친구 2:
1. 한국 식당에서 일해 봤어요?	네, 해 봤어요.	
2. 도서관에서 _____?		
3. 지하철에서 _____?		
4. 노래방에서 _____?		
5. 화장실에서 _____?		

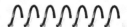

▌ Complete the sentences using −어/아 봤어요.

추석 Korean Thanksgiving
신문 newspaper
치어리더 cheerleader
하이힐 high-heeled shoes

1.
A: 스카이다이빙 _____?
B: 네, 조금 무서웠지만 재미있었어요.

2.
A: 한복을 _____?
B: 네, 작년 추석 때 한번 입어 봤는데 예뻤어요.

3.
A: 한국 신문 _____?
B: 아니요, 한국어 잘 못해요.

4.
A: 케이크를 _____?
B: 아니요, 요리를 잘 못해요.

5.
A: 유명한 가수를 _____?
B: 네, 작년 대학 축제 때 가수들이 많이 왔어요.

6.
A: 사람들 앞에서 춤을 _____?
B: 네, 고등학생 때 치어리더였어요.

7.
A: 하이힐 _____?
B: 네, 예쁜데 너무 불편해요.

8.
A: 오디션에 _____?
B: 네, 작년에 나가서 상을 탔어요.

−고 나서: After doing something

Complete the sentences using −고 나서 as shown in the example.

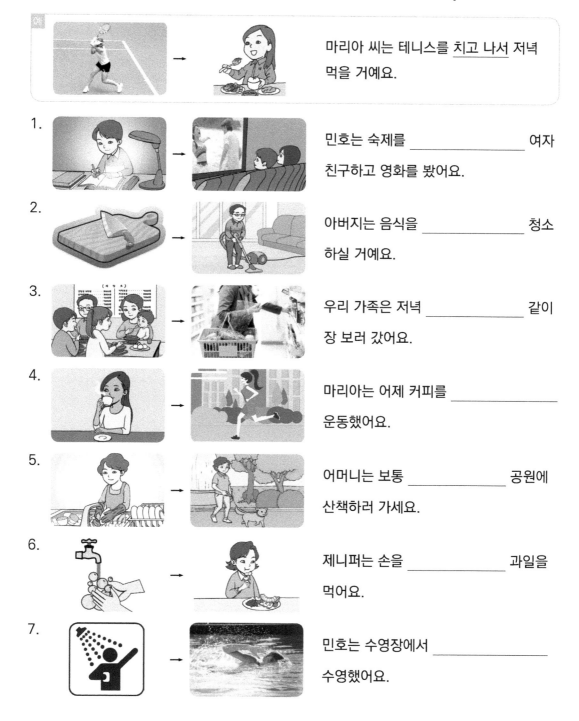

예 마리아 씨는 테니스를 <u>치고 나서</u> 저녁 먹을 거예요.

1. 민호는 숙제를 _____ 여자 친구하고 영화를 봤어요.

2. 아버지는 음식을 _____ 청소 하실 거예요.

3. 우리 가족은 저녁 _____ 같이 장 보러 갔어요.

4. 마리아는 어제 커피를 _____ 운동했어요.

5. 어머니는 보통 _____ 공원에 산책하러 가세요.

6. 제니퍼는 손을 _____ 과일을 먹어요.

7. 민호는 수영장에서 _____ 수영했어요.

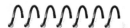

☐ 듣기 listening
☐ 문제 question
☐ 정답 correct answer
☐ 하루 종일 all day long

K **Choose the most appropriate expressions.**

1. A: 듣기 시험은 어떻게 봐요?

   B: 문제를 잘 _____ 정답을 찾으세요.

   ① 말하고 나서   ② 끝내고 나서   ③ 찾고 나서   ④ 듣고 나서

2. A: 주말에 주로 뭐 하세요?

   B: 배드민턴 _____ 장 보러 가요.

   ① 하고 나서   ② 치고 나서   ③ 쳐고 나서   ④ 놀고 나서

3. 토요일에 하루 종일 _____ 쉬었어요.

   ① 공부하고 나서   ② 치고 나서   ③ 타고 나서   ④ 자고 나서

4. A: 수업 _____ 뭐 할 거예요?

   B: 친구하고 쇼핑하러 갈 거예요.

   ① 보고 나서   ② 읽고 나서   ③ 끝나고 나서   ④ 공부하고 나서

5. A: 한국 여행 어땠어요?

   B: 재미있었어요. 한국에 _____ 한국어를 배우고 있어요.

   ① 보고 나서   ② 다녀오고 나서   ③ 다니고 나서   ④ 가져가고 나서

L **Combine two sentences using –고 나서.**

1. 수잔은 아침을 먹었어요. 수영하러 갔어요.

   _____

2. 할머니는 차를 드셨어요. 춤을 추러 가셨어요.

   _____

3. 시험을 봤어요. 마음이 가벼웠어요.

   _____

4. 한국어를 1년 동안 배울 거예요. 한국에 공부하러 갈 거예요.

   _____

결혼식 wedding
오랜만에 in a long time

문법 3 −겠어요/겠네요: (You/It) must be

M **Complete the table using −겠네요.**

Verbs/Adjectives	−겠네요	−(으)시겠네요	−었/았겠네요
기쁘다			
좋다			
힘들다			
듣다			
피곤하다			
배고프다			
가볍다			

N **Put the underlined words from the conversations into the correct tense category.**

ⓐ 가: 저 다음 달에 졸업해요.

　　나: 기쁘다.

ⓑ 가: 친구가 오늘 저녁을 사 줬어요.

　　나: 기분이 좋다.

ⓒ 가: 친구들하고 오랜만에 같이 농구를 했어요.

　　나: 재미있다.

ⓓ 가: 저는 다음 주 언니 결혼식 때 피아노를 칠 거예요.

　　나: 떨리다.

ⓔ 가: 오늘 방을 청소했어요.

　　나: 방이 깨끗하다.

−겠네요	−었/았겠네요

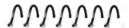

	힘내다 to cheer up
	어젯밤 last night
	휴대폰 cell phone
	잃어버리다 to lose

Complete the sentences using −겠어요.

1. A: 저는 다운타운에 살아요.

   B: 월세가 _____. (비싸다)

2. A: 어제 할아버지가 돌아가셨어요.

   B: 너무 _____. (슬프다)

3. A: 저는 어젯밤 12시까지 숙제했어요.

   B: _____. (피곤하다)

4. A: 시험공부를 열심히 했어요. 그런데 시험을 잘 못 봤어요.

   B: _____. 힘내요. (속상하다)

5. A: 수잔은 중국어를 5년 동안 배웠어요.

   B: 그럼, 수잔 씨는 중국어를 아주 _____. (잘하다)

React to each situation using −겠네요/겠어요.

1. A: 저는 컴퓨터를 전공해요. 한국 역사도 전공해요.

   B: _____.

2. A: 오늘 아침에 지하철이 고장 났어요.

   B: _____.

3. A: 기숙사 룸메이트가 어제 늦게까지 파티를 했어요.

   B: _____.

4. A: 어제 눈이 20cm 왔어요.

   B: _____.

5. A: 지난주에 휴대폰을 잃어버렸어요.

   B: _____.

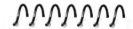

빨리 quickly
잘 모르겠어요. I'm not sure.

더 나아가기 1

Listen to the narration and choose True or False.

1. 어제 이사를 했어요.   (T / F)

2. 부모님이 이사를 도와주었어요.   (T / F)

3. 새집은 깨끗하고 조용해요.   (T / F)

4. 새집 근처에 공원이 있어요.   (T / F)

5. 새집은 학교에서 가까워요.   (T / F)

6. 스파게티를 먹고 나서 이사를 했어요.   (T / F)

7. 스파게티는 맛있었어요.   (T / F)

Listen to the conversation and choose the correct answer.

1. 비비안은 다음 주에 뭐 할 거예요?

   ① 휴가를 가요.   ② 중국에 가요.

   ③ 시험을 봐요.   ④ 한국어를 공부해요.

2. Why did Vivian say "피곤하겠어요" to Daniel?

   ① 아르바이트를 해서   ② 시험이 끝나서

   ③ 여행을 다녀와서   ④ 잠을 못 자서

3. 다니엘은 왜 아르바이트를 찾고 있어요?

   ① 친구 선물 사려고   ② 여행을 가려고

   ③ 비비안하고 중국에 가려고   ④ 여행사에서 일해 보려고

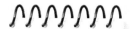

시장 market
취직하다 to get a job
그룹 프로젝트 group project
야구 baseball

S **Read the text and choose True or False.**

> 현우는 부산에 살아요. 집 근처에는 시장이 있어요. 시장에는 싸고 맛있는 음식이 많아요. 그래서 현우는 자주 시장에서 저녁을 먹어요. 한나는 어제 처음 시장에 가 봤어요. 현우하고 같이 시장에서 저녁을 먹었어요. 저녁을 먹고 나서 버블티도 마셨어요. 한나는 시장이 아주 마음에 들었어요. 그래서 다음 주에도 현우하고 같이 시장에 갈 거예요.

1. 시장이 현우 집에서 멀어요.   (T / F)
2. 현우는 시장에 자주 가요.   (T / F)
3. 시장 음식은 맛있지만 비싸요.   (T / F)
4. 현우는 매일 집에서 저녁을 먹어요.   (T / F)
5. 한나는 어제 처음 시장에 갔어요.   (T / F)
6. 현우하고 한나는 오늘 저녁에 또 만날 거예요.   (T / F)

T **Choose the most appropriate expression.**

마음이 가볍겠어요	엄청 기쁘시겠어요	신났겠어요
배가 많이 고프겠네요	많이 피곤하겠어요	

1. A: 저 다음 달에 결혼해요.

   B: 어머! 축하해요! _____.

2. A: 저 오늘 아침하고 점심을 못 먹었어요.

   B: _____.

3. A: 지금 밤 12시인데 아직 숙제를 다 못 했어요.

   B: _____. 그냥 오늘은 자고 내일 하세요.

4. A: 그룹 프로젝트가 어제 다 끝났어요!

   B: _____.

5. A: 어제 야구 경기 보러 갔어요.

   B: _____.

뷔페 buffet

대화 2

단어 및 표현 2

A Choose the word that corresponds to each picture.

| 배드민턴 | 스파게티 | 에어컨 | 젓가락 | 한복 | 회 |

1.
_____

2.
_____

3.
_____

4.
_____

5.
_____

6.
_____

B Complete the sentences with the most appropriate expressions.

| 곳 | 날 | 스트레스 | 여러 가지 | 진짜 | 프로그램 | 하루 | 한식 |

1. 여기 떡볶이는 _____ 매워요. 그래도 맛있어요.

2. 뷔페에서는 _____ 음식을 먹을 수 있어서 좋아요.

3. 비빔밥, 불고기, 떡볶이는 모두 _____이에요/예요.

4. 저는 눈이 많이 오는 _____에는 운전을 안 해요. 지하철을 타요.

5. 우리 가족은 모두 한국 TV _____을/를 좋아해요. 그래서 매일 봐요.

6. 이번 주에 시험이 3개 있어요. 그래서 요즘 _____을/를 많이 받아요.

7. 제가 사는 _____은/는 학교에서 가까워요. 그래서 학교에 걸어서 가요.

8. 어제 _____은/는 정말 바빴어요. 아침 9시부터 저녁 9시까지 일했어요.

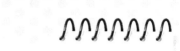

채소 vegetable
설날 Lunar New Year's Day
민속촌 folk village
할 일 things to do

C **Choose the most appropriate words for the blanks.**

1. A: 여기 좀 더운데 창문을 열까요?

   B: 밖이 더 더워요. 그냥 에어컨을 _____.

   ① 켜세요　　　　② 하세요　　　　③ 막히세요　　　　④ 여세요

2. A: 어머, 다니엘 씨! 여기서 뭐 해요?

   B: 저 이 _____에서 살아요.

   ① 동네　　　　② 날　　　　③ 하루　　　　④ 경험

3. A: 이 근처 한인 마트 어때요?

   B: 괜찮아요. 특히 채소하고 과일이 _____ 자주 가요.

   ① 무거워서　　　　② 비싸서　　　　③ 맛없어서　　　　④ 싱싱해서

4. A: 이 식당에 _____ 왔는데 감자탕이 제일 맛있어요.

   B: 저도 감자탕 먹으러 자주 와요.

   ① 여러 가지　　　　② 여러 곳　　　　③ 여러 번　　　　④ 여러 날

5. A: 한국 사람들은 설날에 _____을/를 입어요.

   B: 네, 저도 민속촌에서 _____을/를 입어 봤어요.

   ① 셔츠　　　　② 한복　　　　③ 반지　　　　④ 모자

D **Match each sentence on the left with the most related description of the situation on the right.**

1. 친한 친구들하고 같이 여행해요. •　　　• 땀을 많이 흘렸어요.

2. 오늘 커피를 5잔 마셨어요. •　　　• 심심해요.

3. 방학인데 할 일이 없어요. •　　　• 젓가락이 필요해요.

4. 배드민턴을 3시간 동안 쳤어요. •　　　• 즐거운 시간을 보내요.

5. 라면을 먹어요. •　　　• 여러 가지 채소가 많아요.

6. 큰 마트에서 장 봐요. •　　　• 잠이 안 와요.

E **Complete the table using –(으)ㄹ 때.**

Verbs/Adjectives	–(으)ㄹ 때	Verbs/Adjectives	–(으)ㄹ 때
좋다		돌아오다	
바쁘다		덥다	
입다		힘들다	
듣다		만들다	
쓰다		살다	
있다		기쁘다	

F **Match each phrase on the left with the most appropriate phrase on the right.**

1. 아침을 먹을 때 •   • 우산을 써요.

2. 학교에 갈 때 •   • 청소를 해요.

3. 방이 더러울 때 •   • 커피를 마셔요.

4. 날씨가 추울 때 •   • 약을 먹고 나서 자요.

5. 머리가 아플 때 •   • 장갑을 껴요.

6. 비가 올 때 •   • 지하철을 타요.

G **Complete the sentences with the most appropriate expressions.**

| 매울 때 | 탈 때 | 있을 때 | 막힐 때 | 따뜻할 때 |

1. 자전거를 _____ 공원에 가요.

2. 날씨가 _____ 밖에서 놀아요.

3. 길이 많이 _____ 지하철을 타세요.

4. 음식이 _____ 우유를 마셔 보세요.

5. 다음에 시간이 _____ 같이 수영하러 가요.

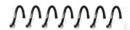

그때 at that time

▌ Combine the sentences using −(으)ㄹ 때.

1. 책을 읽었어요. 그때 친구가 전화했어요.

→ 책을 _____ 친구가 전화했어요.

2. 한국에서 살았어요. 그때 여행을 많이 했어요.

→ 한국에서 _____ 여행을 많이 했어요.

3. 저녁에 비빔밥을 만들었어요. 그때 동생이 왔어요.

→ 저녁에 비빔밥을 _____ 동생이 왔어요.

4. 음악을 들어요. 그때 춤도 춰요.

→ 음악을 _____ 춤도 춰요.

5. 많이 걸어야 해요. 그때 운동화를 신어요.

→ 많이 _____ 운동화를 신어요.

▌ Complete the conversations using −(으)ㄹ 때.

1. A: 언제 기분이 좋아요?

   B: _____.

2. A: 언제 친구가 보고 싶어요?

   B: _____.

3. A: 언제 커피를 마시고 싶어요?

   B: _____.

4. A: 언제 음악을 들어요?

   B: _____.

5. A: 언제 스트레스 받아요?

   B: _____.

문법 5 -는: Noun-modifying form (verbs)

J Fill in the blanks with the most appropriate verbs, using noun-modifying form -는. Use each word only once.

| 놀다 | 듣다 | 보다 | 읽다 | 살다 | 운동하다 |

1. 민지가 지금 _____ 책은 소설책이에요.

2. 지금 영화를 _____ 사람이 준호예요.

3. 지금 음악을 _____ 사람이 제니예요.

4. 저녁에 항상 _____ 사람이 유키예요.

5. 이 동네에 _____ 사람이 저스틴이에요.

6. 지금 공원에서 친구들하고 _____ 사람이 수미예요.

K Answer the questions as in the example, using -는.

예

A: 선생님은 뭐 하는 사람이에요?
B: 선생님은 학생을 가르치는 사람이에요.

1.
A: 도서관은 뭐 하는 곳이에요?
B: _____

2.
A: 가수는 뭐 하는 사람이에요?
B: _____

3.
A: 학생은 뭐 하는 사람이에요?
B: _____

4.
A: 백화점은 뭐 하는 곳이에요?
B: _____

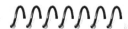
L Change each verb into a noun-modifying form, as in the example.

예

제 친구들이 한국어를 <u>배워요</u>.
→ 한국어를 <u>배우는</u> 학생들이 제 친구들이에요.

1.

엄마가 지금 테니스를 <u>쳐요</u>.

→ 지금 테니스를 _____ 사람이 엄마예요.

2.

제가 지금 소설책을 <u>읽어요</u>.

→ 제가 지금 _____ 책이 소설책이에요.

3.

제 친구들이 놀이 기구를 <u>타요</u>.

→ 놀이 기구를 _____ 사람들이 제 친구들이에요.

4.

저는 할머니를 제일 <u>좋아해요</u>.

→ 제가 제일 _____ 사람이 할머니예요.

M Complete the questions using −는 and talk with your classmates.

Questions with −는	친구:
1. _____ 가수가 누구예요?	
2. 자주 _____ 친구가 누구예요?	
3. 자주 _____ 노래가 뭐예요?	
4. 자주 _____ 음식이 뭐예요?	
5. 수업을 _____ 건물이 어디예요?	
6. 지금 _____ 동네가 어디예요?	

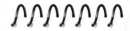

더 나아가기 2

Ⓝ Listen to the narration and answer the questions.

1. 엠마는 대학교에서 공부할 때 어디에 살았어요?

   ① 한국　　　　　② 캐나다　　　　　③ 미국　　　　　④ 영국

2. Choose the correct statement.

   ① 엠마는 캐나다에서 살 때 음악을 가르쳤어요.

   ② 엠마는 다음 달에 학교를 졸업해요.

   ③ 엠마는 지금 미국에서 학생을 가르쳐요.

   ④ 엠마는 미국에서 음악을 공부했어요.

◑ Listen to the narration and answer the questions.

1. 민호하고 같이 사는 사람은 몇 명이에요?

   ① 2명　　　　　② 3명　　　　　③ 4명　　　　　④ 5명

2. Which of the following statement is not correct about the narration?

   ① 저스틴 씨는 대학에서 컴퓨터를 전공해요.

   ② 준호 씨는 영화를 공부하고 있어요.

   ③ 유진 씨는 지금 회사원이에요.

   ④ 민호 씨는 지금 가수예요.

3. Fill in the blanks with the appropriate words, using -는.

   > 지금 컴퓨터를 _____ 저스틴 씨는 1학년이에요. 영화를 _____ 준호 씨는 3학년에요. 지금 회사에서 _____ 유진 씨는 대학에서 동아시아학을 전공했어요. 요즘 오디션을 _____ 민호 씨는 가수가 되고 싶어 해요.

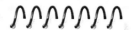

P **Read the text and answer the questions.**

> 지난주에 어머니가 좋아하는 가수의 콘서트가 있었어요. 저는 잘 모르는 가수이지만 어머니는 옛날부터 그 콘서트에 가고 싶어 하셨어요. 어머니는 콘서트 표를 사고 나서 아주 기뻐하셨어요.
>
> 저는 콘서트에서 아는 노래가 없었어요. ___㉠___ 어머니는 노래를 따라 부르셨어요. 콘서트가 끝나고 나서 어머니는 기분이 아주 좋으셨어요. ___㉡___ 저도 같이 기분이 좋았어요. 즐거운 하루를 보냈어요.

1. Which set of conjunctions is most appropriate for ㉠ and ㉡?

   ① 그래서, 그런데   ② 그런데, 그래서   ③ 그리고, 그렇지만   ④ 그럼, 그래서

2. Choose the correct statement.

   ① 제가 좋아하는 가수 콘서트에 갔어요.   ② 저는 노래를 따라 불렀어요.

   ③ 어머니는 노래를 잘 모르셨어요.   ④ 어머니는 콘서트를 좋아하셨어요.

Q **Translate the sentences into Korean.**

1. When I go to school, I take the subway.

   _____

2. When I drive, I listen to K-pop.

   _____

3. The friend, who I take the Korean class with, is very kind.

   _____

4. The food, which I make now, is a birthday cake.

   _____

5. The neighbourhood, which I live in, is very clean.

   _____

6. After doing homework, I will watch a movie.

   _____

날씨가 따뜻해졌습니다.

대화 1

- 단어 및 표현 1
- 문법 1 −ㅂ니다/습니다: Formal polite ending
- 문법 2 −겠−: Intention
- 문법 3 이/그/저: Demonstrative modifiers
- 더 나아가기 1

대화 2

- 단어 및 표현 2
- 문법 4 −어지다/아지다: Change of state
- 문법 5 −(으)ㄴ: Noun−modifying form (past action)
- 문법 6 −(으)ㄹ게요: Willingness
- 더 나아가기 2

대화 1

단어 및 표현 1

A Match the Korean expression for weather with the English expression.

1. 화창하다   •

2. 바람이 불다   •

3. 눈이 오다   •

4. 흐리다   •

5. 비가 오다   •

6. 시원하다   •

7. 뜨겁다   •

  • It's raining.

  • It's snowing.

  • It's windy.

  • It's cool.

  • It's sunny.

  • It's hot.

  • It's cloudy.

B Choose the word that corresponds to each picture.

기자	뉴스	질문	허리	기온	번개

1.

_____

2.

_____

3.

_____

4.

_____

5.

_____

6.

_____

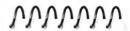

문자 text
음성 voice

C Choose the most appropriate words for the blanks.

1. 오늘은 5월 5일입니다.

   내일은 5월 6일입니다.

   _____는 5월 7일입니다.

   ① 어제　　　　　② 작년　　　　　③ 모레　　　　　④ 내년

2. A: 여보세요. 거기 한국병원이지요?

   B: 네, 한국병원입니다.

   A: _____, 레이첼 씨하고 통화할 수 있어요?

   B: 레이첼 씨는 지금 없습니다. 메모를 남기시겠어요?

   ① 여보세요　　　　② 네　　　　　③ 실례지만　　　　④ 여기요

3. A: 왜 비가 많이 와요?

   B: _____ 비가 많이 와요.

   ① 기온 때문에　　② 태풍 때문에　　③ 번개 때문에　　④ 바람 때문에

4. A: 다니엘 씨, 아까 전화 왔었어요.

   B: 그래요? 누가 전화했어요?

   A: 책상 위에 _____가 있어요.

   B: 고마워요.

   ① 문자 메시지　　② 음성 메시지　　③ 인터뷰　　　　④ 메모

D Choose the most appropriate expressions for the blanks.

1. A: _____

   B: 화창하지만 조금 춥습니다.

   ① 질문 있습니까?　　　　　　　② 오늘이 며칠입니까?

   ③ 무엇을 전공했습니까?　　　　④ 오늘 날씨는 어떻습니까?

2. A: 눈이 언제까지 옵니까?

   B: _____

   ① 올해는 눈이 많이 올 겁니다.　　② 이번 주말까지 오겠습니다.

   ③ 어제도 눈이 많이 왔습니다.　　④ 눈이 작년까지 많이 왔습니다.

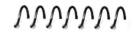

잃어버리다 to lose

문법 1 −ㅂ니다/습니다: Formal polite ending

E Complete the table using −ㅂ니다/습니다.

Verbs/Adjectives	Present tense		Past tense
	−ㅂ니다/습니다	−ㅂ니까/습니까?	−ㅆ/었/았습니다
닫다	닫습니다	닫습니까	닫았습니다
쉬다			
사다			
살다		삽니까	살았습니다
만들다			
공부하다	공부합니다		
싸다			쌌습니다
맑다			
춥다	춥습니다		
멀다			
재미있다		재미있습니까	
학생이다			학생이었습니다

F Change the sentences into the formal polite form.

1. 아침은 잘 안 먹어요.

→ 아침은 잘 안 _____ .

2. 숙제를 아직 다 못했어요.

→ 숙제를 아직 다 _____ .

3. 어제는 밤 12시에 잤어요.

→ 어제는 밤 12시에 _____ .

4. 어제 휴대폰을 잃어버렸어요.

→ 어제 휴대폰을 _____ .

5. 다음 학기는 온라인 수업을 주로 들을 거예요.

→ 다음 학기는 온라인 수업을 주로 _____ .

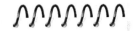

G **Change the questions into the formal polite form.**

키우다 to raise
몸 body
과목 course

1. 질문이 있어요?

→ 질문이 _____?

2. 지금 몇 시예요?

→ 지금 몇 _____?

3. 점심은 뭐 드셨어요?

→ 점심은 뭐 _____?

4. 이 가방 누구 거예요?

→ 이 가방 누구 _____?

5. 오늘 날씨가 어때요?

→ 오늘 날씨가 _____?

6. 언제 한국에 갈 거예요?

→ 언제 한국에 _____?

7. 집에서 강아지를 키워요?

→ 집에서 강아지를 _____?

H **Answer the following questions using the formal polite form.**

1. A: 빵 좀 드시겠어요?

   B: _____.

2. A: 몸은 좀 어때요?

   B: _____.

3. A: 오늘은 왜 늦었어요?

   B: _____.

4. A: 주말에는 주로 뭐 하세요?

   B: _____.

5. A: 부모님이 어디에 계세요?

   B: _____.

6. A: 무슨 과목이 제일 어려워요?

   B: _____.

7. A: 어느 계절을 제일 좋아해요?

   B: _____.

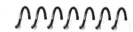

공사 construction
바로 immediately
출발하다 to leave
고객센터 customer service
회의 meeting

문법 2 -겠-: Intention

Draw a line to match the most appropriate response.

1. A: 공사가 언제 끝날까요?　　　•

2. A: 언제 올 거예요?　　　•

3. A: 어제부터 인터넷이 안 돼요.　•

4. A: 커피 마실래요?　　　•

5. A: 주문은 누가 할 거예요?　　•

　　　•　B: 제가 주문하겠습니다.

　　　•　B: 지금 바로 출발하겠습니다.

　　　•　B: 네, 시원한 걸로 마시겠습니다.

　　　•　B: 다음 주까지 끝내겠습니다.

　　　•　B: 고객센터에 전화하겠습니다.

Fill in the blanks with the most appropriate words using -겠-.

다녀오다	알다	마시다	먹다	예약하다	다하다

1. A: 여기 시원한 물 한 잔 드세요.

　 B: 고맙습니다. 잘 _____.

2. A: 엄마, 학교 _____.

　 B: 그래, 잘 다녀와.

3. A: 오늘 저녁은 제가 사겠습니다.

　 B: 정말요? 잘 _____.

4. A: 다음 주 월요일 오후 2시에 회의가 있어요.

　 B: 네, _____.

5. A: 다음 주에 발표가 있지요? 준비 열심히 하세요.

　 B: 네, 최선을 _____.

6. A: 이번 주 금요일 저녁에 서울 식당 좀 예약해 줄 수 있어요?

　 B: 네, 제가 _____.

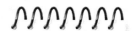

돌려주다 to return
예약하다 to reserve

K **Choose the meaning of −겠− for each sentence.**

1. 동생이 다쳐서 속상하겠어요.   •

2. 오늘은 점심으로 햄버거를 먹겠어요.   •

                                              • I will

3. 점심을 못 먹어서 배고프시겠어요.   •

4. 날씨를 알려드리겠습니다.   •

                                              • You must be

L **Complete the conversations using −겠−.**

1. A: 언제 출발할 거예요?

   B: _____.

2. A: 숙제는 언제 낼 거예요?

   B: _____.

3. A: 내일 몇 시까지 올 거예요?

   B: _____.

4. A: 책을 언제까지 돌려줄 수 있어요?

   B: _____.

5. A: 아르바이트 잘 할 수 있어요?

   B: _____.

6. A: _____?

   B: 감자탕 하나, 불고기 하나 주세요.

M **Complete the sentences based on the given situations using −겠−.**

> 예
> 지금 회의가 있어서 나중에 <u>연락하겠습니다</u>.

1. 오늘은 머리가 아파서 _____.

2. 어제 집에 못 들어가서 _____.

3. 학 때 고향에 가야 해서 _____.

4. 주말에는 차가 많이 막혀서 _____.

나무 tree
오프너 opener
대다 to touch
돌리다 to rotate

문법 3 이/그/저: Demonstrative modifiers

Fill in the blanks using 이/그/저 or 이것/저것/그것(이거/저거/그거).

예

That is an apple tree.

→ <u>저것</u>은 사과나무입니다.

→ <u>저건</u> 사과나무입니다.

1.

This book is a Korean textbook.

→ _____ 책은 한국어 교과서입니다.

→ _____은 한국어 교과서입니다.

→ _____ 한국어 교과서입니다.

2.

A: These earphones are good.

B: They were made in Korea.

→ A: _____ 이어폰 좋네요.

B: _____ 한국에서 만들었어요.

3.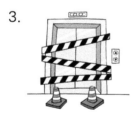

A: Our company's elevator is out of order.

B: That elevator breaks down too often.

→ A: 우리 회사 엘리베이터가 고장 났어요.

B: _____ 엘리베이터는 너무 자주 고장이 나요.

4.

A: What is that (in your hand)?

B: This is a wine opener.

A: How can I use that?

B: Just push the button onto the bottle.

→ A: _____ 뭐예요?

B: _____ 와인 오프너입니다.

A: _____ 어떻게 사용해요?

B: 병에 대고 돌리면 됩니다.

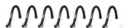

① **Fill in the blanks using 이/그/저, 이거/저거/그거, or 여기/저기/거기.**

도쿄 Tokyo
교토 Kyoto
예약하다 to reserve
안내하다 to guide
복도 hallway

1.

손님: 그거 얼마예요?

점원: _____ 50불입니다.

2.

A: _____ 뭐예요?

B: _____ 책이에요.

3.

04:00 ᴾᴹ 02:00 ᴾᴹ
서울 ›   하노이 ›
05월 23일 일요일   05월 23일 일요일

A: 여기는 4시인데 거기는 지금 몇 시입니까?

B: _____는 _____보다 2시간 빠릅니다.

4.

Restaurant

A: _____에서 그 식당까지 얼마나 걸려요?

B: _____까지 30분쯤 걸립니다.

5.

A: 작년 휴가에 어디 갔어요?

B: 일본에 갔다 왔어요.

A: _____에서 뭐 했어요?

B: 도쿄와 교토를 여행했어요.

ℙ **Fill in the blanks using 이쪽/그쪽/저쪽.**

> 점 원 어서 오세요. 예약하셨어요?
>
> 제임스 6시로 예약했습니다. 제임스입니다.
>
> 점 원 제가 안내하겠습니다. _____㉠_____으로 오세요.
>
> 제임스 화장실이 어디에 있습니까?
>
> 점 원 저기 복도 보이세요? _____㉡_____ 복도 끝에 있습니다.

㉠ : _____   ㉡ : _____

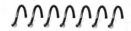

방금 just now
들어오다 come in
덜 less

더 나아가기 1

Q **Listen to the narration and match each city with tomorrow's weather.**

1. 서울 •
   •

2. 토론토 •
   •

3. 베를린 •
   •

4. 시드니 •
   •

R **Listen to the conversation and answer the questions.**

1. 다음 중 맞지 <u>않는</u> 것은 무엇입니까?

   ① 여자는 남자에게 전화를 했습니다.

   ② 여자는 지금 집에 있습니다.

   ③ 남자와 여자가 만나는 곳에 비가 옵니다.

   ④ 남자는 지금 우산이 없습니다.

2. 여자와 남자는 몇 시에 만납니까?

   ① 2시 　　　　 ② 2시 30분 　　　　 ③ 3시 　　　　 ④ 3시 30분

3. Fill in the blanks with the weather expression using -ㅂ/습니다.

   남자가 있는 곳은 _____.

   여자가 있는 곳은 _____.

S **Read the text messages and answer the questions.**

수진 씨, 토론토에 잘 도착했어요? 오후 7:34

네, 사장님. 잘 도착했습니다.
저녁 먹고 방금 호텔에 들어왔습니다. 오후 7:35

서울은 지금 많이 추운데 ㉠거기
날씨는 어때요? 안 추워요? 오후 7:37

괜찮습니다.
㉡거기보다 많이 안 춥습니다. 오후 7:39

다행이네요. 내일 발표 잘 하고 와요. 오후 7:40

㉢ 오후 7:42

Send

1. 수진 씨는 토론토에 왜 갔습니까?

① 저녁 먹으러
② 인터뷰하러
③ 발표하러
④ 친구 만나러

2. 다음 중 맞지 <u>않는</u> 것은 무엇입니까?

① 로건 씨는 토론토에 없습니다.
② 토론토는 서울보다 덜 춥습니다.
③ 수진 씨는 호텔에 있습니다.
④ 수진 씨는 저녁을 아직 안 먹었습니다.

3. Write the city names that ㉠ and ㉡ refer to.

㉠ : _____   ㉡ : _____

4. Provide a sentence in ㉢ using –겠–.

_____

T **Complete the announcement using –겠– according to the summer camp schedule.**

Time	Activity
07:00 – 07:30	Taking a walk
07:30 – 08:30	Breakfast
08:30 – 10:30	Fishing
10:30 – 11:00	Break
11:00 – 12:00	Painting
12:00 – 13:00	Lunch

Announcement

내일 오전 스케줄을 알려드리겠습니다. 아침
7시부터 7시 30분까지 _____.
7시 30분부터 1시간 동안 _____.
8시 반부터 10시 반까지 _____.
10시 30부터 11시까지는 쉬겠습니다. 11시부터
12시까지 그림을 그리고, 12시부터
_____.

단어 및 표현 2

A Choose the word that corresponds to each picture.

올라가다	내려가다	벚꽃	찢어지다	굽다	빨다
고치다	문자	침대	냉장고	뜨겁다	몸

1.

2.

3.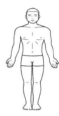

4.

5.

6.

7.

8.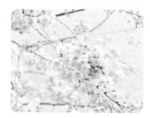

9.

10.

11.

12.

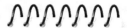

___ 먼저 firstly
___ 환자 patient
___ 약속 promise
___ 회의 meeting

B Choose the most appropriate expressions for the blanks.

1. A: 라면은 어떻게 요리해요?

   B: 물을 먼저 _____.

   ① 먹으세요   ② 끓으세요

   ③ 드세요   ④ 끓이세요

2. 의사: 어디가 불편해서 오셨어요?

   환자: 어제부터 배가 아파서 왔어요.

   의사: 그래요? 저쪽 침대에 _____.

   ① 누워 보세요   ② 고쳐 보세요

   ③ 구워 보세요   ④ 출발해 보세요

3. 제니퍼: 다니엘, 다음에 또 통화해요.

   다니엘: 그래요, 잘 지내요. _____.

   ① 어디에요?   ② 이만 끊을게요.

   ③ 날씨가 어때요?   ④ 어서 오세요.

C Choose the word that correctly fits all of the sentences in the box.

1.
> - 약속은 _____ 지키세요.
> - 오늘 찍은 사진 _____ 보내주세요.
> - 집에 오면 손을 _____ 씻어야 해요.

   ① 이만   ② 또   ③ 꼭   ④ 활짝

2.
> - 컴퓨터가 _____ 고장났어요.
> - 오늘 3시에 _____ 회의가 있어요.
> - 모하메드는 _____ 학교에 안 왔어요?

   ① 또   ② 꼭   ③ 좀   ④ 많이

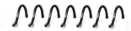

어둡다 ⓑ to be dark
미용실 hair salon

 4 **–어지다/아지다: Change of state**

D **Complete the table using –어지다/아지다.**

Adjectives	–어지다/아지다	Adjectives	–어지다/아지다
작다	작아지다	바쁘다	바빠지다
비싸다		빠르다	
따뜻하다		춥다	
느리다		덥다	
좋다		뜨겁다	
없다		어렵다	
예쁘다		쉽다	
크다		무겁다	
슬프다		가볍다	

E **Find the most appropriate word to complete the conversations.**

1. A: 전화기를 잃어버려서 기분이 _____.

   B: 어떡해요.

   • • 차가워졌어요

2. A: 밖이 _____. 몇 시예요?

   B: 벌써 밤 9시예요.

   • • 바빠졌어요

3. A: 머리가 많이 _____.

   B: 아침에 미용실에 다녀왔어요.

   • • 나빠졌어요

4. A: 지민 씨, 요즘 일이 많아요?

   B: 네, 요즘 많이 _____.

   • • 짧아졌어요

5. A: 커피가 _____.

   B: 한 잔 다시 드릴까요?

   • • 어두워졌어요

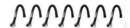

F **Fill in the blanks with the most appropriate words using the past tense of −어지다/아지다.**

춥다	좋다	비싸다	시원하다
심하다	건강하다	나쁘다	불편하다

1. 운동을 많이 해서 _____.

2. 겨울이 와서 날씨가 _____.

3. 에어컨을 켜서 방이 _____.

4. 친구와 싸워서 사이가 _____.

5. 약을 안 먹어서 감기가 _____.

6. 세일이 끝나서 옷이 다시 _____.

7. 컴퓨터 게임을 오래 해서 눈이 _____.

8. 재미있는 영화를 보고 나서 기분이 _____.

G **Complete the conversations using −어지다/아지다.**

> 예
> A: 여름이 와서 날씨가 <u>더워졌어요</u>.
> B: 네, 많이 더워요.

1. A: 지갑이 _____.

   B: 정말요? 잘 찾아봐요.

2. A: 왜 요즘 지각을 자주 해요?

   B: 이사를 해서 집이 _____.

3. A: 다니엘, 성적이 _____.

   B: 이번 학기에 공부를 열심히 했어요.

4. A: 발이 커져서 양말이 _____.

   B: 제가 하나 선물해 줄게요.

5. A: 쌍둥이 동생이 태어났어요. 식구가 _____.

   B: 어머, 축하해요.

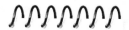

타다 to burn
산불이 나다 forest fire breaks out

문법 5 -(으)ㄴ: Noun-modifying form (past action)

Complete the table using noun-modifying forms.

Verbs	Present -는	Past 읽은
읽다	읽는	읽은
고치다		
쓰다		
좋아하다		
입다		
눕다		
사다		
살다		
듣다		

Find the most appropriate words to complete the conversations.

1. A: 아까 _____ 사람이 누구예요?

   B: 저희 아빠하고 전화했어요.

   • 탄

2. A: 남자친구를 처음 _____ 곳이 어디예요?

   B: 다운타운이요.

   • 만난

3. A: 강아지가 작고 너무 귀여워요.

   B: 지난달에 _____ 강아지예요.

   • 통화한

4. A: 이 산에 불에 _____ 나무가 많아요.

   B: 지난겨울에 산불이 났거든요.

   • 온

5. A: 가장 먼저 _____ 사람이 누구예요?

   B: 지수 씨가 가장 먼저 왔어요.

   • 태어난

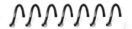

J Complete the conversations using –(으)ㄴ.

홀(구멍) hole
들어가다 to go in
다치다 to hurt
무릎 knee

예

A: 마이클 씨가 친 공이 홀에 들어갔어요.

B: 우와, 멋지네요.

1.

A: _____?

B: 고맙습니다.

2.

A: _____?

B: 아직 못 고쳤어요.

3.

A: _____?

B: 정말 맛있었어요.

4.

A: 어젯밤에 _____?

B: 제 남동생이요.

5.

A: 제가 _____. 드셔 보세요.

B: 참 맛있네요.

6.

A: 어제 어떤 영화 봤어요?

B: _____.

7.

A: _____?

B: 아주 좋아요. 마음에 들어요.

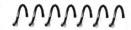

문법 6 −(으)ㄹ게요: Willingness

고양이 cat
담배 cigarette
곧 soon
계산하다 to pay
치우다 to clean up
현금 cash
내다 to pay

K Complete the table using −(으)ㄹ게요.

Verbs	−(으)ㄹ게요	Verbs	−(으)ㄹ게요
사다		만들다	
마시다		말하다	
쓰다		가다	
전화하다		먹다	
보내다		끊다	
빌리다		입다	
앉다		씻다	
열다		듣다	
자다		눕다	

L Find the most appropriate words to complete the conversations.

1. A: 고양이 어디 갔어요?

   B: 제가 _____.

2. A: 담배는 건강에 안 좋아요.

   B: 네, 곧 _____.

3. A: 어떻게 계산하시겠어요?

   B: 현금으로 _____.

4. A: 방을 좀 청소하는 게 좋겠어요.

   B: 이번 주말에 _____.

5. A: 오늘 제가 지갑을 집에 놓고 왔어요.

   B: 괜찮아요. 오늘은 제가 _____.

- 살게요

- 찾아볼게요

- 치울게요

- 낼게요

- 끊을게요

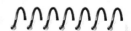

화장지 toilet paper
넘다 to pass

M Complete the conversations using −(으)ㄹ게요.

예

A: 숙제는 언제 할 거예요?

B: <u>저녁 먹고 할게요.</u>

1.

A: 집이 너무 추워요.

B: _____.

2.

A: 화장지가 필요한데 아직 못 샀어요.

B: 제가 _____.

3.

A: 운동 다 했어요? 빨리 씻고 저녁 드세요.

B: _____.

4.

A: 선생님, 어제 이메일을 못 받았어요.

B: 그래요? _____.

5.

A: 벌써 12시가 넘었는데 빨리 자요.

B: _____.

6.

A: 저스틴, 내일 아침 7시에 연락주세요.

B: 네, _____.

7.

A: 모두 기다리고 있어요. 빨리 오세요.

B: 그래요? _____.

N Listen to the conversation and answer the questions.

1. 다음 중 맞는 것은 무엇입니까?

   ① 다니엘은 교과서를 집에 놓고 왔습니다.

   ② 다니엘은 오늘 수업을 못 듣습니다.

   ③ 선생님은 다니엘에게 교과서를 빌려주었습니다.

   ④ 다니엘은 교과서를 새로 사려고 합니다.

2. Complete the conversation using –(으)ㄹ게요.

   > **선생님** 다니엘, 수업 시간에 교과서가 꼭 필요해요.
   >
   > **다니엘** 알겠습니다. 다음 시간에는 꼭 _____.

3. 다니엘은 오늘 수업 시간에 어떻게 합니까?

   ① 교과서를 친구한테 빌립니다.   ② 교과서를 도서관에서 빌립니다.

   ③ 집에 가서 교과서를 가져옵니다.   ④ 친구 교과서를 같이 봅니다.

Complete conversations using –(으)ㄹ게요 as in the example.

> 예
> Situation: Your friend is asking to have lunch together.
> A: 점심 같이 먹을까요?
> B: 저는 아직 배가 안 고파요. 이따가 먹을게요.

1. **Situation:** The phone is ringing in the office.

   A: 제가 지금 바쁜데 누가 전화 좀 받아주세요.

   B: _____.

2. **Situation:** You are about to leave the party because of an appointment.

   A: 벌써 가려고요?

   B: _____.

P **Read the notice below and answer the questions.**

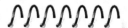

모서리 corner
약간 slightly
깨지다 to be chipped
소중하다 to be precious
줍다 ⓑ to pick up
투명하다 to be transparent
앞면 the front side
뒷면 the back side
옆면 side

휴대폰을 찾습니다

어제 학생회관 1층 여자화장실에서 휴대폰을 잃어버렸습니다. 화장실을 나와서 10분 후에 다시 갔지만 휴대폰이 없어졌습니다. 하얀색 전화기이고, 모서리가 약간 깨졌습니다. 생일에 선물 받은 소중한 전화기입니다. 전화기를 주운 분은 저에게 전화나 이메일로 연락해 주세요. 전화기를 찾아주신 분께 선물을 드리겠습니다.

전화번호: 456-3434-5566
이메일: begoodman@cmail.com

1. 전화기를 어디에서 잃어버렸습니까?

① 학생회관 2층　　② 학생 식당　　③ 여자화장실　　④ 남자화장실

2. 전화기는 무슨 색깔입니까?

① 까만색　　② 하얀색　　③ 투명한 색　　④ 노란색

3. 전화기는 어디가 깨졌습니까?

① 앞면　　② 뒷면　　③ 옆면　　④ 모서리

4. Suppose that you saw the notice and found the lost phone. Write an email message to the phone owner using –(으)ㄴ and –(으)ㄹ게요.

_____

_____

가족들이 모여서 송편을 만들어요.

대화 1

- ▸ 단어 및 표현 1
- ▸ 문법 1 –어서/아서: Sequence
- ▸ 문법 2 –(으)ㄴ 다음에: After doing [something]
- ▸ 문법 3 –(으)면: If/when
- ▸ 더 나아가기 1

대화 2

- ▸ 단어 및 표현 2
- ▸ 문법 4 –지 않다: Long negation
- ▸ 문법 5 Compound verbs
- ▸ 문법 6 –기: Nominalizer
- ▸ 더 나아가기 2

대화 1

단어 및 표현 1

A Choose the word that corresponds to each picture.

영화관　　　기침　　　교수　　　편지　　　노래방　　　초콜릿

1. ＿＿＿＿＿＿＿＿

2. ＿＿＿＿＿＿＿＿

3. ＿＿＿＿＿＿＿＿

4. ＿＿＿＿＿＿＿＿

5. ＿＿＿＿＿＿＿＿

6. ＿＿＿＿＿＿＿＿

B Complete the sentences using the most appropriate expressions.

송편　　　함께　　　특히　　　추석　　　중　　　차례　　　–께

1. 이번 추석에 ＿＿＿＿＿＿ 많이 먹었어요?

2. ＿＿＿＿＿＿은/는 한국의 추수감사절입니다.

3. 오늘 학교에 못 가서 교수님＿＿＿＿＿＿ 이메일을 보냈어요.

4. 설날에 가족들이 모두 ＿＿＿＿＿＿모여서 떡국을 먹었어요.

5. 한국의 명절 ＿＿＿＿＿＿ 제가 제일 좋아하는 명절은 설날입니다.

6. 설날 아침에는 가족들이 모두 모여서 ＿＿＿＿＿＿을/를 지내요.

7. 다니엘은 과일을 좋아해요. 그중에서 ＿＿＿＿＿＿ 사과를 제일 좋아해요.

C Fill in the blanks with corresponding words.

한국어	영어	한국어	영어
	rice cake soup		entertainingly
	to get, to seek		to contact
달다		물어보다	

D Match the words from the left with the corresponding ones on the right.

1. 차례를 •   • 하다

2. 세배를 •   • 벌다

3. 버스로 •   • 그리다

4. 돈을 •   • 지내다

5. 송편을 •   • 갈아타다

6. 그림을 •   • 만들다

E Choose the most appropriate words for the blanks.

1. 설날은 _____ 첫날이에요.

   ① 내년   ② 작년   ③ 새해   ④ 올해

2. 돈을 많이 _____ 자동차를 사고 싶어요.

   ① 만들어서   ② 빌려줘서   ③ 보내서   ④ 벌어서

3. 설날에 가족들이 _____ 송편을 만들었어요.

   ① 졸업하고   ② 모여서   ③ 다녀와서   ④ 연락해서

4. 오늘 비행기 표를 _____ 여행사에 갔어요.

   ① 구하러   ② 만들러   ③ 주러   ④ 그리러

5. _____은/는 한국의 추수감사절인데 송편을 먹어요.

   ① 새해 첫날   ② 밸런타인데이   ③ 크리스마스   ④ 추석

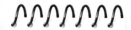
문법 1 −어서/아서: Sequence

F Complete the table using −어서/아서.

Verbs	−어서/아서	Verbs	−어서/아서
요리하다	요리해서	배우다	배워서
지내다		일어나다	
만나다		벌다	
만들다		구하다	
쓰다		물어보다	

G Match the phrases on the left with the ones on the right that best complete the sentences.

1. 한국마트에 가서   ·   · 편지를 보내요.

2. 우체국에 가서   ·   · 이를 닦아요.

3. 화장실에 가서   ·   · 행복하게 살고 싶어요.

4. 돈을   ·   · 돈을 많이 벌 거예요.

5. 취직해서   ·   · 김치를 사요.

H Interview your classmate.

Question with −어서/아서	친구 이름:
1. 오늘 아침에 일어나서 뭐 했어요?	
2. 장 보러 가서 뭐 살 거예요?	
3. 한국어를 배워서 뭐 하고 싶어요?	
4. 돈을 많이 벌어서 뭐 하고 싶어요?	
5. 주말에 친구를 만나서 뭐 하고 싶어요?	

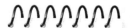

오랜만에 in a long time
시키다 to order
회사 company
수다 떨다 ㄹ to chat

Ⅰ **Fill in the blanks with the most appropriate verbs using −어서/아서.**

오다	배우다	모이다	만나다
일어나다	가다	시키다	졸업하다

1. A: 오늘 저녁에 뭐 먹을 거예요?

   B: 오랜만에 피자 _____ 먹으려고요.

2. A: 요즘 어떻게 지내요?

   B: 작년에 대학교를 _____ 회사에 다녀요.

3. A: 지난주 일요일에 뭐 했어요?

   B: 친구 _____ 영화관에 갔어요.

4. A: 아침에 일찍 _____ 보통 뭐 해요?

   B: 요가하고 샤워해요.

5. A: 이번 추석 때 집에 _____ 뭐했어요?

   B: 가족들과 함께 송편도 만들고 수다도 많이 떨었어요.

6. A: 어제 뭐 했어요?

   B: 친구가 집에 _____ 같이 스파게티를 만들어서 먹었어요.

7. A: 이번 설날 재미있게 보냈어요?

   B: 네, 가족들이 _____ 떡국도 많이 먹고 재미있게 보냈어요.

8. A: 이번 여름 방학 때 뭐 할 거예요?

   B: 한국어를 _____ 한국에 여행도 가고 한국 친구도 많이 만날 거예요.

Ⅱ **Look at 민수's schedule and complete the sentences using −어서/아서.**

AM 07:00   AM 08:30   AM 10:00   PM 12:10

1. 민수 씨는 아침 7시 30분에 _____ 아침을 먹어요.

2. 민수 씨는 오전에 회사에 _____ 일을 해요.

3. 민수 씨는 12시 10분에 친구를 _____ 점심을 먹어요.

K **Complete the sentences using –은 다음에 as shown in the example.**

예

마리아는 테니스를 <u>친 다음에</u> 저녁 먹을 거예요.

1.

민호는 친구하고 _____ 숙제를 했어요.

2.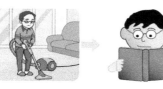

아버지는 _____ 책을 읽으셨어요.

3.

우리 가족은 _____ 식당에서 밥을 먹었어요.

4.

마리아는 어제 커피를 _____ 영화관에 갔어요.

5.

어머니는 보통 _____ 공원에 산책하러 가세요.

6.

제니퍼는 손을 _____ 송편을 먹었어요.

7.

민호는 _____ 친구하고 학교에 갔어요.

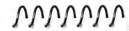

고향 hometown

L **Choose the most appropriate expressions for the blanks.**

1. A: 집에서 학교까지 어떻게 가요?

   B: 지하철을 _____ 버스로 갈아타요.

   ① 탄 다음에   ② 간 다음에   ③ 모인 다음에   ④ 만든 다음에

2. A: 수업이 _____ 뭐 할 거예요?

   B: 친구하고 노래방에 갈 거예요.

   ① 본 다음에   ② 읽은 다음에   ③ 끝난 다음에   ④ 공부한 다음에

3. A: 지난여름 방학에 뭐 했어요?

   B: 한국에 _____ 한국어를 공부를 시작했어요.

   ① 본 다음에   ② 다녀온 다음에   ③ 다닌 다음에   ④ 모인 다음에

4. A: 이번 크리스마스에 뭐 할 거예요?

   B: 가족들 선물을 _____ 고향에 갈 거예요.

   ① 보낸 다음에   ② 물어본 다음에   ③ 번 다음에   ④ 산 다음에

5. A: 내년 계획이 뭐예요?

   B: 대학교를 _____ 한국에 가서 1년 동안 영어를 가르칠 거예요.

   ① 배운 다음에   ② 졸업한 다음에   ③ 시작한 다음에   ④ 전공한 다음에

M **Complete the sentences, using −은 다음에.**

1. _____ 컴퓨터를 샀어요.

2. _____ 그림을 그리셨어요.

3. _____ 한국에 놀러 갈 거예요.

4. _____ 체육관에 가서 운동했어요.

5. _____ 맛있는 음식을 먹을 거예요.

6. _____ 친구들하고 영화관에 갔어요.

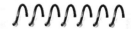

지갑 wallet
잃어버리다 to lose

문법 3 −(으)면: If/when

N Complete the table using −(으)면.

Verbs	−(으)면	Verbs	−(으)면
공부하다	공부하면	배고프다	배고프면
모르다		가볍다	
굽다		예쁘다	
듣다		춥다	
벌다		좋다	

Choose the most appropriate expressions for the blanks.

1. A: 저는 한국 친구가 많이 없어요.

   B: 한국 친구를 _____ 한국어 수업을 들으세요.

   ① 사귀고 있다면　　　② 사귀고 싶으면　　　③ 만들고 싶으면　　　④ 많이 있으면

2. A: 이번 겨울 방학에 뉴욕에 놀러 가요.

   B: 재미있겠네요. 예쁜 사진 _____ 보내 주세요.

   ① 만들었으면　　　② 찍었으면　　　③ 만들면　　　④ 찍으면

3. A: 지갑을 잃어버렸어요. 돈이 _____ 좀 빌려주세요.

   B: 어떡해요. 얼마가 필요해요?

   ① 있으면　　　② 모이면　　　③ 없으면　　　④ 없다면

4. A: 요즘 민호 씨는 어떻게 지내요?

   B: 저도 잘 모르겠어요. 민호 씨 소식 _____ 알려 줄게요.

   ① 듣으면　　　② 들르면　　　③ 들으면　　　④ 들었으면

5. A: 내일 뭐 할 거예요?

   B: 날씨가 좋으면 산책하고, 춥고 바람이 많이 _____ 집에 있을 거예요.

   ① 불으면　　　② 불면　　　③ 있으면　　　④ 있다면

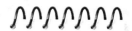

땀이 나다 to sweat
스트레스가 풀리다
Stress is relieved
휴지 toilet paper

P **Complete the conversations using –(으)면.**

1. A: 왜 그렇게 땀을 많이 흘려요?

   B: 저는 날씨가 _____ 땀이 많이 나요.

2. A: 미안해요. 오늘은 너무 바빠요.

   B: 오늘 _____ 다음에 만나요.

3. A: 기분이 나쁘면 어떻게 해요?

   B: 잠을 자요. 좀 _____ 기분이 좋아져요.

4. A: 남자친구 있어요?

   B: 없어요. 좋은 사람 _____ 소개해 주세요.

5. A: 이번 겨울 방학에 한국에 가요.

   B: 한국에 _____ 제주도에 꼭 한번 가 보세요. 정말 아름다워요.

Q **Complete the sentences using –(으)면, as shown in the example.**

> 예
> 세뱃돈을 받으면 새 스마트폰을 살 거예요.

1. _____ 불편해요.

2. _____ 병원에 가 보세요.

3. _____ 스트레스가 풀려요.

4. _____ 놀이공원에 가고 싶어요.

5. _____ 예쁜 사진을 많이 찍을 거예요.

R **Complete the sentences as shown in the example.**

> 예
> 게임을 하면 즐거워요.

1. 집에 가면 _____. 2. 감기에 걸리면 _____.

3. 돈을 많이 벌면 _____. 4. 화장실에 휴지가 없으면 _____.

5. 한국어를 잘하고 싶으면 _____.

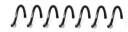

더 나아가기 1

S Listen to the narration and choose True or False.

1. 지난 주말은 설날이었습니다.　　　(T / F)

2. 차례를 지낸 다음에 한복을 입었습니다.　(T / F)

3. 아침을 먹은 다음에 차례를 지냈습니다.　(T / F)

4. 가족들과 윷놀이를 했어요.　　　(T / F)

T Listen to the conversation and choose the correct answers.

1. 다음 중 크리스마스 휴가 때 민호가 하지 않은 것은 무엇입니까?

　① 가족들을 만났습니다.

　② 친구를 만났습니다.

　③ 크리스마스트리를 만들었습니다.

　④ 선물을 받았습니다.

2. 다음 중 맞지 않는 것은 무엇입니까?

　① 남자는 크리스마스 휴가를 가족들과 함께 보냈습니다.

　② 여자는 크리스마스 휴가 때 바빴습니다.

　③ 여자는 다음 휴가 때 가족들을 만날 겁니다.

　④ 남자는 가족들이 많이 보고 싶습니다.

3. 여자는 크리스마스 휴가 때 뭐 했습니까?

　① 여행　　　② 공부　　　③ 졸업　　　④ 일

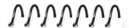

U Read the following text and choose True or False.

대보름 The first full moon of the year (Jan. 15 of lunar calender)

번째 counting unit for order

보름달 full moon

땅콩 peanut

호두 walnut

피부 skin

연을 날리다 to fly a kite

대보름은 한국에서 큰 명절 중 하나입니다. 대보름은 새해의 열다섯 번째 날입니다. 대보름날 밤에는 큰 보름달을 볼 수 있습니다. 대보름에는 여러 가지 음식을 먹는데 특히 땅콩하고 호두를 먹으면 이가 튼튼해지고 피부가 좋아집니다. 대보름날 낮에는 연을 날리고, 밤에는 보름달 아래에서 같이 춤을 추고 놉니다.

달 아래서 추는 춤

1. 대보름은 1월에 있습니다.   (T / F)

2. 대보름은 설날 다음에 있습니다.   (T / F)

3. 대보름에는 차례를 지냅니다.   (T / F)

4. 대보름에는 땅콩하고 호두를 먹습니다.   (T / F)

5. 대보름에 연을 날리면 이가 튼튼해집니다.   (T / F)

6. 대보름 밤에는 춤을 추고 놉니다.   (T / F)

V Interview your classmate.

Questions	친구 이름:
1. 어제 집에 가서 뭐 했어요?	
2. 쿠키를 구워서 누구하고 같이 먹고 싶어요?	
3. 국어를 배운 다음에 뭐 하고 싶어요?	
4. 수업이 끝난 다음에 뭐 할 거예요?	
5. 돈을 많이 벌면 뭐 하고 싶어요?	
6. 한국에 가면 뭘 제일 먹어 보고 싶어요?	

대화 2

단어 및 표현 2

A Choose the word that corresponds to each picture.

지도	소금	칠면조	반달	수영복	계단

1.

2.

3.

4.

5.

6.

B Complete the sentences with the most appropriate expressions.

별로	반죽	아이들	조용히	엘리베이터	반죽	모양

1. 도서관에서는 _____ 책을 읽어야 해요.

2. 마리아 씨는 하트 _____ 목걸이를 했어요.

3. 이번 겨울은 _____ 안 추워서 두꺼운 옷이 필요 없어요.

4. _____이/가 제일 좋아하는 명절 중에 하나는 핼러윈이에요.

5. 이 아파트에는 _____이/가 없어서 걸어서 올라가야 해요.

6. 떡을 만들려면 쌀가루하고 물을 넣어서 _____을/를 만들어야 해요.

7. 송편을 반달 모양으로 만든 다음에 _____에 넣고 이십 분 동안 찌세요.

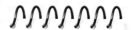

싱겁다 ⓗ to be bland

C Fill in the blanks with corresponding words.

| 차갑다 | 다행이에요 | 찌다 | 돌다 |
| 내리다 | I understand | to knead | to rise |

한국어	영어	한국어	영어
	to turn	그렇군요	
	to put down	오르다	
반죽하다			to steam
	That's good.		to be cold

D Choose the most appropriate words for the blanks.

1. A: 집에 어떻게 가요?

   B: 지하철을 탄 다음에 버스로 _____.

   ① 갈아타요　　　② 돌아가요　　　③ 내려와요　　　④ 갈아입어요

2. A: 냉면 한번 먹어보세요.

   B: 저는 _____ 음식을 안 좋아해요.

   ① 뜨거운　　　② 추운　　　③ 더운　　　④ 차가운

3. A: 국이 좀 싱겁네요.

   B: 싱거우면 _____을/를 더 넣어서 드세요.

   ① 설탕　　　② 참깨　　　③ 쌀가루　　　④ 소금

4. A: 지난 _____에 뭐 했어요?

   B: 슈퍼맨 옷을 입고 사탕을 받으러 돌아다녔어요.

   ① 설날　　　② 추석　　　③ 핼러윈　　　④ 크리스마스

5. A: 감기는 좀 어때요?

   B: 많이 괜찮아졌어요.

   A: _____.

   ① 잘했어요　　　② 다행이에요　　　③ 어떡해요　　　④ 고마워요

E Complete the table using −지 않다.

Verbs	−지 않다	Adjectives	−지 않다
안 먹다	먹지 않다	안 아파요	아프지 않아요
안 들으세요		안 더워서	
안 만들었어요		안 차가워요	
안 쓰셨어요		안 바쁘셨어요	
안 입을 거예요		안 추울 거예요	

F Complete the conversations using −지 않아요.

1. A: 내년에 미국에 갈 거예요?

   B: 아니요, _____.

2. A: 운전할 때 음악을 들어요?

   B: 아니요, _____.

3. A: 숙제가 많으면 스트레스 받지요?

   B: 아니요, _____.

4. A: 어제 기분이 좋았어요?

   B: 아니요, 친구와 싸워서 기분이 _____.

G Change the following sentences as in the example.

> 예
> 물이 안 <u>따뜻해요</u>. → 물이 <u>따뜻하지 않아요</u>.

1. 그 책이 <u>재미없어요</u>. → 그 책이 _____.
2. 어제 잠을 잘 <u>못</u> 잤어요. → 어제 잠을 잘 _____.
3. 가방이 별로 <u>안</u> 무거워요. → 가방이 별로 _____.
4. 저는 케이팝을 잘 <u>안</u> 들어요. → 저는 케이팝을 잘 _____.
5. 휴가라서 요즘 별로 <u>안</u> 바빠요. → 휴가라서 요즘 별로 _____.
6. 제가 만든 김치찌개는 <u>안</u> 매워요. → 제가 만든 김치찌개는 _____.

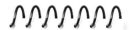

이사하다 to move
거의 almost
싸우다 to fight
사이 relationship

Fill in the blanks with the most appropriate words using −지 않아요.

| 가다 | 먹다 | 찍다 | 막히다 | 덥다 | 연락하다 |

1. 일요일에는 차가 많이 _____.

2. 여름인데 요즘 날씨가 별로 _____.

3. 요즘 감기에 걸려서 학교에 _____.

4. 저는 여행을 가면 사진을 별로 _____.

5. 친구가 이사를 해서 요즘 자주 _____.

6. 모하메드는 채식주의자라서 고기를 _____.

Complete the sentences using −지 않다.

1. 내일 시험이 있어요.

   그런데 시험공부를 많이 _____.

2. 내년에 학교를 쉴 거예요.

   그래서 수업을 _____.

3. 생일 선물로 시계를 받았어요.

   그런데 별로 마음에 _____.

4. 올해 여름은 별로 덥지 않아요.

   그래서 요즘 에어컨을 자주 _____.

5. 시간이 없어서 청소를 못했어요.

   그래서 방이 _____.

6. 커피에 설탕을 거의 안 넣었어요.

   그래서 커피가 별로 _____.

7. 어제는 바람이 많이 불고 비가 왔어요.

   그래서 스키를 _____.

8. 민호하고 마리아가 며칠 전에 싸웠어요.

   그래서 둘 사이가 별로 _____.

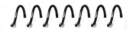

산 mountain
미끄러지다 to slip
시청 city hall
기운 strength

문법 5 Compound verbs

J Choose the correct form.

1. 계단으로 (올라오세요 / 다녀오세요 / 돌아오세요).

2. 이 엘리베이터 지금 (내려가요 / 돌아다녀요 / 갈아타요)?

3. 산에서 (내려올 / 나갈 / 나올) 때 미끄러지지 않게 조심하세요.

4. 동생이 친구 만나러 집에서 (내려왔어요 / 돌아갔어요 / 나갔어요).

5. 설날에 예쁜 한복으로 (갈아탔어요 / 갈아입었어요 / 돌아갔어요).

6. 김 선생님을 (찾아오면 / 찾아가면 / 찾아다니면) 도와주실 거예요.

7. 형이 학교에 가방을 안 가져가서 집에 (나갔어요 / 찾아갔어요 / 돌아왔어요).

K Fill in the blanks with the most appropriate words using −지 않아요.

| 들어오다 | 갈아타다 | 찾아다니다 | 돌려주다 | 돌아오다 | 돌아다니다 |

1. A: 한국 잘 다녀왔어요?

   B: 네, 어제 한국에서 _____.

2. A: 빌려 간 책 언제 줄 거예요?

   B: 미안해요. 내일 _____.

3. A: 마리아 씨, 집이 학교에서 가깝네요.

   B: 잘 찾아왔네요. 어서 _____.

4. A: 어제 왜 전화를 안 받았어요?

   B: 강아지를 잃어버려서 여기저기 _____.

5. A: 여기서 시청까지 어떻게 가요?

   B: 지하철을 탄 다음에 다음 역에서 버스로 _____.

6. A: 어머, 다니엘 씨 아니세요? 백화점에서 뭐 하고 있어요?

   B: 친구 선물을 사러 _____ 있어요.

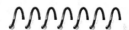

당신 you
고민 worry

L **Complete the sentences, using the following compound verbs.**

> 찾아가다   나가다   돌아오다   돌아오다   들어오다   올라오다

1. 차비가 없어서 집까지 _____.

2. 오늘 날씨가 추워요. 어서 안으로 _____.

3. 당신이 없으면 못 살겠어요. 저한테 _____.

4. 친구 집에 지도를 보고 _____이/가 쉽지 않았다.

5. 교실은 3층이에요. 엘리베이터를 타고 3층으로 _____.

6. 집에만 있으면 건강에 좋지 않아요. 밖에 _____ 운동 좀 하세요.

M **Interview your classmate.**

Questions	친구 이름:
1. 집에 돌아가면 보통 뭐 해요?	
2. 고민이 있으면 누구를 찾아가요?	
3. 일요일에 밖에 나가면 보통 어디에 가요?	
4. 한국에 가면 어디를 돌아다니고 싶어요?	

N **Match each phrase on the left with the one on the right to complete a sentence.**

1. 내일까지 숙제를   •   •   돌아다녔어요.

2. 뉴욕에서 비행기를   •   •   걸어다녀요.

3. 집에서 학교까지 가까워서   •   •   들어가요.

4. 식당을 찾아서   •   •   가져오세요.

5. 이번 가을에 대학에   •   •   돌아왔어요.

6. 은행이 문을 열지 않아서 집에 •   •   갈아탔어요.

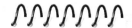

문법 6 −기: Nominalizer

◐ Fill in the blanks with the most appropriate words.

| 들어가기 | 쓰기 | 올라가기 | 자기 | 먹기 | 그리기 | 벌기 | 만들기 |

1. 돈 _____가 쉽지 않지요?

2. 그림 _____가 제 취미예요.

3. 좋은 회사는 _____가 쉽지 않아요.

4. 이 산은 높지 않아서 _____ 쉬워요.

5. 송편 _____가 생각보다 재미있었어요.

6. 이 국이 너무 뜨거워서 _____가 힘드네요.

7. 한국어 읽기하고 _____ 중에 뭐가 더 쉬워요?

8. 밖이 너무 시끄러워서 밤에 _____가 힘들어요.

P Match each phrase on the left with the one on the right to complete a sentence.

1. 날씨가 춥기 때문에 •   • 돌아다녔어요.

2. 공부를 많이 못 했기 때문에 •   • 걸어다녀요.

3. 오랫동안 친구를 못 만났기 때문에 •   • 들어가요.

4. 한국어는 배우기 어렵기 때문에 •   • 가져오세요.

5. 이번 주말은 추석이기 때문에 •   • 돌아왔어요.

6. 다리가 아프기 때문에 •   • 갈아탔어요.

7. 휴대폰 배터리가 없기 때문에 •   • 안경을 써야 해요.

8. 눈이 나쁘기 때문에 •   • 전화를 못해요.

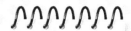

헤어지다 to break up
이유 reason

⬤ Complete the sentences using −기.

1. 제 취미는 _____예요.

2. 새로 산 볼펜은 _____가 편해요.

3. 한국 소설책 _____를 좋아해요.

4. 방학이 끝났는데 _____가 싫어요.

5. 아침에 일찍 _____가 쉽지 않아요.

6. 한국어 수업 시간에 _____를 배워요.

7. 새 집이 너무 넓어서 _____가 불편해요.

8. 학교를 졸업을 해서 기쁘기도 하고 _____도 해요.

⬤ Complete the conversations using −기 때문에.

1. A: 왜 매일 아침을 안 먹어요?

   B: _____.

2. A: 우리가 왜 헤어져야 해요?

   B: _____.

3. A: 요즘 왜 이렇게 연락이 안 돼요?

   B: _____.

4. A: 오늘 옷이 정말 예뻐요. 무슨 일 있어요?

   B: _____.

5. A: 왜 이렇게 밖에 안 나가고 집에만 있어요?

   B: _____.

6. A: 요즘 왜 이렇게 수업에 안 와요? 무슨 일 있어요?

   B: _____.

7. A: 한국어 공부를 정말 열심히 하네요. 무슨 이유가 있어요?

   B: _____.

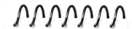

갈비찜 braised short ribs
잡채 Korean glass noodle stir fry
나이를 먹다 to get older
유행 trend
고르다 ⑧ to choose

더 나아가기 2

S **Listen to the narration and answer the questions.**

1. 설날에 먹지 <u>않는</u> 음식은 무엇입니까?

① 떡국   ② 미역국

③ 갈비찜   ④ 잡채

2. 다음 중 맞는 것은 무엇입니까?

① 떡국은 조금 맵습니다.

② 떡국은 하얀 떡을 넣어서 끓입니다.

③ 한국에서는 추석에 떡국을 먹습니다.

④ 갈비찜을 먹으면 나이를 한 살 더 먹습니다.

T **Listen to the narration and answer the questions.**

1. 두 사람은 무엇을 이야기하고 있습니까?

① 핼러윈   ② 크리스마스   ③ 설날   ④ 추석

2. 다음 중 맞지 <u>않는</u> 것은 무엇입니까?

① 남자는 유행을 잘 알지 못합니다.

② 여자는 부모님 선물을 벌써 샀습니다.

③ 남자와 여자는 선물을 같이 고를 겁니다.

④ 남자와 여자는 오늘 같이 백화점에 갈 겁니다.

3. 여자는 오빠에게 무슨 선물을 주려고 합니까?

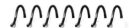

알맞다 to be suitable

U **Read the following text and answer the questions.**

> 어제는 2월 14일 밸런타인데이였습니다. 밸런타인데이에는 사랑하는 사람들이 함께 시간을 보내고 초콜릿이나 선물을 주고받기도 합니다. 저는 남자친구가 _____㉠_____ 때문에 초콜릿을 받지 못했습니다. 친구와 백화점에 가려고 전화를 했습니다. 그런데 친구가 남자친구와 같이 있어서 혼자서 백화점을 돌아다녔습니다. 청바지를 한 벌 산 다음에 영화관에서 영화를 봤습니다. 로맨틱 코미디 영화를 봤는데 별로 재미가 없었습니다. 저도 남자 친구를 사귀어서 내년 밸런타인데이에는 초콜릿도 받고 영화도 같이 보고 싶습니다.

1. ㉠에 알맞은 말은 무엇입니까?

   ① 생겼기   ② 없기   ③ 있기   ④ 많기

2. 다음 중 맞는 것은 무엇입니까?

   ① 밸런타인데이에는 남자만 선물을 줍니다.

   ② 친구와 같이 백화점에서 청바지를 샀습니다.

   ③ 극장에서 혼자 로맨틱 코미디 영화를 봤습니다.

   ④ 밸런타인데이이기 때문에 초콜릿을 많이 받았습니다.

3. List three things that you want to do with your boyfriend/girlfriend using –기(예: 영화 보기).

   ① _____ ② _____ ③ _____

V **Translate the sentences into Korean using –기 or –기 때문에.**

1. My hobby is listening to K-pop.

   _____.

2. When it snows, driving is difficult.

   _____.

3. Because there is an exam tomorrow, I will study tonight.

   _____.

4. Because today is New Year's day, I wore a Korean traditional dress.

   _____.

생일 파티 하는 게 어때?

대화 1

- ▸ 단어 및 표현 1
- ▸ 문법 1　Half-talk: Intimate style
- ▸ 문법 2　-(으)니까: Because
- ▸ 문법 3　-(으)ㄴ/는 것: -ing
- ▸ 더 나아가기 1

대화 2

- ▸ 단어 및 표현 2
- ▸ 문법 4　-(으)면 안 되다: Prohibition
- ▸ 문법 5　-는 동안: While -ing
- ▸ 문법 6　-(으)ㄴ 적이 있다/없다: Past experience
- ▸ 더 나아가기 2

대화 1 💬

단어 및 표현 1

A Choose the word that corresponds to each picture.

음료수	야구	걱정되다	끓이다	외식하다	딸

1.

_____

2.

_____

3.

_____

4.

_____

5.

_____

6.

_____

B Fill in the blanks with corresponding words.

당연하다	데려오다	부탁하다	맞다	지나다
중요하다	To make a sound		To feel real	

한국어	영어	한국어	영어
	To ask for a favor		To bring (someone)
	To be natural	소리를 내다	
실감이 나다			To be important
	To pass		To be right

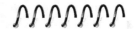

외롭다 ⓗ to be lonely
동물 animal
먼저 first
팟타이 Pad Thai

C **Complete the sentences with the most appropriate expressions.**

깜짝 파티	데려오다	부탁하다	지나다
웹툰	사이	사랑하다	

1. 우리는 같은 반 친구예요. _____이/가 좋아요.

2. 제가 세상에서 가장 _____ 사람은 아버지예요.

3. 다니엘은 오늘 처음으로 여자 친구를 집에 _____.

4. 학기가 시작하고 벌써 두 달이 _____. 시간이 빨라요.

5. 필요한 것이 있으면 저한테 _____. 제가 도와줄게요.

6. 내일이 친구 생일이라서 _____을/를 준비하고 있어요.

7. 저는 요즘 인터넷에서 _____을/를 많이 봐요. 드라마보다 재미있어요.

D **Choose the most appropriate words for the blanks.**

1. 겨울에 추운 것은 _____.
   ① 데려옵니다   ② 당연합니다   ③ 실감납니다   ④ 다행입니다

2. 외국에서 공부하는 동안 가족과 _____ 있어서 외로웠어요.
   ① 속상해   ② 걱정돼   ③ 끝내   ④ 떨어져

3. 강아지가 이상한 _____. 동물 병원에 데려가려고요.
   ① 준비를 해요   ② 연락을 해요   ③ 소리를 내요   ④ 부탁을 해요

4. 바쁠 때는 가장 _____ 일을 먼저 하세요.
   ① 고마운   ② 실감 나는   ③ 걱정한   ④ 중요한

5. 오늘 동생 생일이에요. 그래서 지금 미역국을 _____.
   ① 끓여요   ② 데려와요   ③ 부탁해요   ④ 걱정해요

6. 내가 내일 연락할게. _____ 전화번호 좀 알려 줘.
   ① 제   ② 네   ③ 내   ④ 우리

7. 제가 _____ 좋아하는 음식은 팟타이예요.
   ① 별로   ② 아까   ③ 가장   ④ 이만

1 Half-talk: Intimate style

E Change the words into 반말.

V/A	Present	Past	Probability/Future
앉다	앉아	앉았어	앉을 거야
보다			
부탁하다		부탁했어	
쓰다			
마시다			마실 거야
듣다			
모르다	몰라		
바쁘다			
만들다		만들었어	
맞다	맞아		
어렵다			
학생이다			학생일 거야
친구이다	친구야		

F Choose between 반말 and 존댓말 for each situation.

㉠ Asking your teacher about an assignment

㉡ Talking to your nephew, who is younger than you

㉢ Talking to your close friends

㉣ Meeting your colleague, who is the same age as you, for the first time

㉤ Talking to a waiter/waitress

㉥ A teacher meeting with his/her friend

반말   존댓말

G **Change the following conversations into 반말, as in the example.**

예

존댓말	반말
A: 토니 씨, 내일 쇼핑하러 갈까요?	A: <u>토니, 내일 쇼핑하러 갈까?</u>
B: 네, 좋아요.	B: <u>응, 좋아.</u>

존댓말	반말

1. A: 현중 씨, 오늘 파티에 올 거예요?　　　　A: _____ ?

   B: 아니요, 시험이 있어서 못 가요.　　　　B: _____ .

2. A: 마리아 씨, 뭐 드시겠어요?　　　　　　A: _____ ?

   B: 저는 감자탕 먹을래요.　　　　　　　　B: _____ .

3. A: 스티브 씨, 어제 민영 씨 만났어요?　　A: _____ ?

   B: 네, 만났어요. 왜요?　　　　　　　　　B: _____ .

4. A: 마이클 씨, 오늘 저녁에 시간 있으세요?　A: _____ ?

   B: 네, 오늘은 일이 일찍 끝납니다.　　　　B: _____ .

5. A: 정민 씨, 이 우산 정민 씨 거예요?　　　A: _____ ?

   B: 아니요, 제 거 아니에요.　　　　　　　B: _____ .

6. A: 저는 중국 사람이에요.　　　　　　　　A: _____ ?

   B: 아, 그러세요? 저는 일본 사람이에요.　B: _____ .

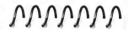

휘슬러 Whistler
귀찮다 to be annoyed
계속 continuously

문법 2 −(으)니까: Because

Complete the table using −(으)니까.

V/A	−(으)니까	−었/았으니까	−(으)ㄹ 거니까
공부하다	공부하니까		
오다			올 거니까
놀다		놀았으니까	
듣다			
있다			
바쁘다	바쁘니까		
덥다			
힘들다		힘들었으니까	
학생이다			학생일 거니까

Combine the two sentences using −(으)니까.

1. 목요일에 시험이 끝나요. 그러니까 금요일에 만나요.

→ 목요일에 시험이 _____ 금요일에 만나요.

2. 약속에 늦었어요. 그러니까 택시를 타는 게 어때요?

→ 약속에 _____ 택시를 타는 게 어때요?

3. 휘슬러가 스키 타기 좋아요. 그러니까 휘슬러로 여행 가세요.

→ 휘슬러가 스키 타기 _____ 휘슬러로 여행 가세요.

4. 제가 다운타운에 살아요. 그러니까 다운타운에 오면 연락하세요.

→ 제가 다운타운에 _____ 다운타운에 오면 연락하세요.

Complete the sentences.

1. 요즘 추우니까 _____ .

2. 수업에 늦었으니까 _____ .

3. 음식하기 귀찮으니까 _____ .

4. 계속 일만 하면 힘드니까 _____ .

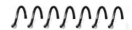

K Choose the most appropriate expressions for the blanks.

☐ 조심하다 to be careful
☐ 노트북 laptop
☐ 데스크톱 desktop

1. A: 제니퍼 씨, 같이 점심 먹으러 갈까요?

   B: 저는 좀 전에 _____ 앤디 씨랑 같이 가세요.

   ① 먹기 때문에   ② 먹어서   ③ 먹으니까   ④ 먹었으니까

2. A: 지하철 탈까요, 택시 탈까요?

   B: 길이 많이 _____ 지하철로 가요.

   ① 막혀니까   ② 막히니까   ③ 막히어서   ④ 막혔었으니까

3. A: 엄마, 저 나갔다 올게요.

   B: 날씨가 _____ 코트 입고 나가.

   ① 추우니까   ② 추웠으니까   ③ 추워서   ④ 춥우니까

4. A: 오늘은 차로 학교에 가려고 해요.

   B: 지금 눈이 많이 _____ 운전할 때 조심하세요.

   ① 왔으니까   ② 와서   ③ 오니까   ④ 와니까

5. A: 사장님, 밤 아홉 시에도 가게 문 열지요?

   B: 네, 열 시에 _____ 열 시 전에 오세요.

   ① 열으니까   ② 닫으니까   ③ 열을 거니까   ④ 닫았으니까

6. A: 저녁을 뭐 먹을까요?

   B: _____ 외식할까요?

   ① 배고프니까   ② 귀찮으니까   ③ 돈이 없으니까   ④ 장 봤으니까

L Make a suggestion for each question, using −(으)니까.

> 예 A: 한국에 가고 싶은데 여름에 갈까, 가을에 갈까요?
>
> B: 가을에 날씨가 좋으니까 가을에 가세요.

1. A: 공원에서 조깅을 하고 싶은데 낮에 할까, 밤에 할까요?

   B: _____ .

2. A: 파티에 가려고 하는데 운전해서 갈까요, 택시타고 갈까요?

   B: _____ .

3. A: 컴퓨터를 사려고 하는데 노트북을 살까요, 데스크톱을 살까요?

   B: _____ .

문법 **3** –(으)ㄴ/는 것: –ing

M **Complete the table using –(으)ㄴ/는 것.**

Adjectives	–(으)ㄴ 것	Verb	–는 것
예쁘다	예쁜 것	가다	가는 것
작다		읽다	
크다		듣다	
쉽다		굽다	
가깝다		만들다	
멀다		알다	
춥다		닫다	

N **Complete the sentences with the most appropriate words using –는 것.**

듣다　　살다　　부르다　　물어보다　　읽다

1. 저는 소설책을 _____이 취미예요.

2. 한국 사람들은 노래 _____을 아주 좋아해요.

3. 저는 이어폰으로 음악을 _____을 별로 좋아하지 않아요.

4. 친구를 좋아하지만 친구하고 같이 _____은 쉽지 않아요.

5. 숙제가 너무 어려워요? 그럼 선생님한테 한번 _____이 어때요?

O **List three things that you like doing using –는 것.**

> **예**
> 저는 인터넷으로 <u>쇼핑하는 것</u>을 좋아해요.

1. _____.

2. _____.

3. _____.

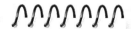

동영상 video clip
서로 each other
믿다 to trust

P **Complete the sentences based on the pictures provided. Use the contracted forms of –는 것 and markers, such as –는 게, –는 걸 or –는 건.**

예

저는 <u>수영하는 걸</u> 좋아해요.

1. 저는 _____ 좋아해요.

2. 저는 _____ 취미예요.

3. 저는 동영상 _____ 좋아해요.

4. 2학년 한국어를 _____ 재미있지만 쉽지 않아요.

Q **Complete the sentences with the most appropriate words using –(으)ㄴ 것. Use the contracted forms of –(으)ㄴ 것 and markers, such as –(으)ㄴ 게, –(으)ㄴ 걸 or –(으)ㄴ 건.**

| 덥다 | 중요하다 | 맵다 | 편하다 | 무섭다 |

1. 저는 추운 것보다 _____ 좋아요.

2. 신발은 예쁜 것보다 _____ 사요.

3. 저는 _____ 잘 못 먹어요.

4. 영화 보는 건 좋아하지만 _____ 잘 못 봐요.

5. 친구 사이에서 가장 _____ 서로를 믿는 거야.

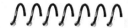

더 나아가기 1

Ⓡ Listen to the conversation and choose the correct answer.

1. 돌잔치에 대해서 맞지 <u>않는</u> 것은 무엇입니까?

   ① 첫 번째 생일에 합니다.   ② 맛있는 음식을 먹습니다.

   ③ 아기가 손님에게 세배합니다.   ④ 아기가 돌잡이를 합니다.

2. 돌잡이에서 마이크는 유명한 사람을 뜻합니다. 왜 그렇습니까?

   ① 유명한 사람들이 마이크를 좋아해서   ② 마이크가 비싸니까

   ③ 유명한 사람들이 마이크를 쓰기 때문에   ④ 마이크로 말하는 게 재미있어서

3. 다음은 돌잡이에 주로 쓰는 물건들입니다. 무슨 뜻일까요?

   1) 실   ·   · 부자가 돼요.

   2) 돈   ·   · 공부를 잘해요.

   3) 연필   ·   · 오래 살아요.

Ⓢ Write a text message to your friend asking for a favor as in the example.

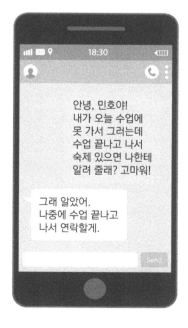

안녕, 민호야!
내가 오늘 수업에
못 가서 그러는데
수업 끝나고 나서
숙제 있으면 나한테
알려 줄래? 고마워!

그래 알았어.
나중에 수업 끝나고
나서 연락할게.

그래 알았어.

Ⅰ Read the following text and answer the questions.

> 지난 일요일에 할아버지의 칠순 잔치가 있었습니다. 칠순은 한국 나이로 70세입니다. 예전에는 환갑잔치를 많이 했지만 요즘은 칠순이나 팔순 잔치를 많이 합니다. 우리 할아버지는 사람이 많이 모이는 것을 별로 좋아하지 않으셔서 잔치를 크게 하지 않았습니다. 대신 가족들만 모여서 맛있는 식사를 했습니다. 아버지와 고모는 할아버지와 할머니께 하와이 여행 비행기 표를 사 드렸습니다. 저와 사촌 오빠는 선물로 안마기를 사 드렸습니다. 할아버지께서 무척 ____㉠____. 할아버지께서 좋아하셔서 가족들도 모두 기뻐했습니다. ____㉡____.

칠순 the age of seventy
환갑잔치 60th birthday party
-(이)나 or
팔순 the age of eighty
대신 instead
고모 aunt (father's sister)
사촌 cousin
안마기 massager
앞으로 in the future
웃다 to laugh
모습 image

1. 무엇에 대한 글입니까?
   ① 할아버지 선물 사는 것　　　　② 부모님과 여행 가는 것
   ③ 할아버지 칠순 잔치한 것　　　　④ 맛있는 식당을 찾는 것

2. 다음 중 맞는 것은 무엇입니까?
   ① 할아버지는 올해 일흔 살이 되셨습니다.
   ② 지난 일요일에 칠순 잔치를 크게 했습니다.
   ③ 할아버지는 여행 가는 것을 별로 좋아하지 않으십니다.
   ④ 아버지와 저는 선물로 안마기를 샀습니다.

3. ㉠에 맞지 않는 것은 무엇입니까?
   ① 기뻐하셨습니다　　② 귀찮아하셨습니다　　③ 즐거워하셨습니다　　④ 좋아하셨습니다

4. ㉡에 알맞은 것은 무엇입니까?
   ① 내년에는 잔치를 크게 해야겠습니다.
   ② 그래서 저도 자주 웃으려고 합니다.
   ③ 할아버지와 함께 하와이에 같이 갈 겁니다.
   ④ 앞으로도 할아버지의 웃는 모습을 더 오래 보고 싶습니다.

5. 다음 중 맞는 것은 무엇입니까?
   ① 할아버지는 웃는 걸 싫어하십니다.
   ② 할아버지는 안마를 받으러 다니실 겁니다.
   ③ 할아버지는 할머니와 하와이에 가실 겁니다.
   ④ 아버지는 외식하는 걸 별로 안 좋아하십니다.

104 NEW GENERATION KOREAN 2 **WORKBOOK**

대화 2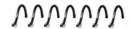

무릎 knee
피가 나다 to bleed
하루 종일 all day long
따라다니다 to follow around
스쿠버다이빙 scuba diving

단어 및 표현 2

A Choose the word that corresponds to each picture.

| 앨범 | 촛불 | 주차하다 | 입원하다 | 붙이다 | 말 |

1.

2.

3.

4.

5.

6.

B Choose the most appropriate expressions. Conjugate the verbs using −어요/아요 form in the appropriate tense.

| 글씨 | 꾸다 | 다치다 | 뛰어다니다 | 몰래 | 민속촌 | 밤늦게 | 얼른 |

1. 저는 _____을/를 잘 써요.

2. 아이들이 공원에서 _____.

3. 친구 _____ 깜짝 선물을 준비했어요.

4. 어젯밤에 아주 무서운 꿈을 _____.

5. _____ 밖에 돌아다니면 안 돼. 위험해.

6. 너무 배가 고파요. _____ 밥을 먹어야겠어요.

7. 한국 _____에 가면 한복을 입어 볼 수 있어요.

8. 친구가 다리를 _____. 그래서 병원에 입원했어요.

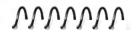

따라다니다 to follow

C **Match each situation on the left with the most appropriate description on the right.**

1. 길에서 넘어져서 무릎에서 피가 나요. •   • 위험했어요.

2. 어제 학교에 못 갔어요.   •   • 다쳤어요.

3. 길을 건널 때 차가 갑자기 왔어요. •   • 귀찮아요.

4. 제 여자 친구와 주말마다 만나요. •   • 들켰어요.

5. 형 옷을 몰래 입었는데 형이 봤어요. •   • 사귀어요.

6. 동생이 하루 종일 나만 따라다녀요. •   • 결석했어요.

D **Choose the most appropriate words for the blanks.**

1. 교실에서 학생들이 _____ 시끄러워요.

   ① 떠들어서   ② 위험해서   ③ 들켜서   ④ 귀찮아서

2. 오늘 _____ 학생이 누구예요?

   ① 결석한   ② 첫   ③ 특별한   ④ 귀찮은

3. 깜짝 파티니까 친구한테 _____ 안 돼.

   ① 성공하면   ② 빌면   ③ 끄면   ④ 들키면

4. 빨리 소원을 _____ 촛불을 꺼.

   ① 만들고   ② 빌고   ③ 끄고   ④ 붙이고

5. 시험 문제가 어려웠어요. 그래서 많이 _____.

   ① 꿨어요   ② 틀렸어요   ③ 위험했어요   ④ 다쳤어요

6. 스쿠버다이빙을 했어요. _____ 경험을 했어요.

   ① 밤늦은   ② 귀찮은   ③ 특별한   ④ 모인

7. 오늘 케이크를 처음 만들었는데 _____.

   ① 성공했어요   ② 위험했어요   ③ 결석했어요   ④ 떠들었어요

8. 다른 사람 방에 들어갈 때는 꼭 _____ 들어가세요.

   ① 빌고   ② 노크하고   ③ 사귀고   ④ 닫고

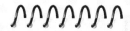

전날 the day before
먼지 dust
피우다 to smoke

 4 **-(으)면 안 되다: Prohibition**

E **Match each phrase on the left with the correct ending on the right.**

1. 언니 옷을 입다 ·

2. 사진을 찍다 ·   · 으면 안 돼요.

3. 시험 전날 놀다 ·

4. 집에서 뛰어다니다 ·

5. 음악을 듣다 ·   · 면 안 돼요.

6. 도서관에서 떠들다 ·

F **Answer the questions using -(으)면 안 돼요.**

1. A: 캐나다에서는 공원에서 술을 마실 수 있어요?

   B: 아니요, 밖에서 술을 _____.

2. A: 도서관에서 음식 먹어도 돼요?

   B: 아니요, 도서관에서 음식을 _____.

3. A: 창문을 좀 열까요?

   B: 밖에 먼지가 많아서 창문을 _____.

4. A: 여기서 담배 피워도 돼요?

   B: 여기서는 담배를 _____. 밖에 나가서 피우세요.

G **Provide a piece of advice for each situation below using -(으)면 안 돼, as in the example.**

> 예
> Your friend drinks five cups of coffee every day.
> 커피를 너무 많이 마시면 안 돼.

1. Your classmate is always late for class.

   _____.

2. Your younger sister plays video games for twelve hours every day.

   _____.

3. Your friend sleeps only four hours a day.

   _____.

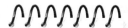
동물원 zoo

Make up a conversation about what you cannot do in each place using −(으)면 안 돼요.

예)

도서관

A: 도서관에서 수다 떨어도 돼요?

B: 아니요, 도서관에서 떠들면 안 돼요.

1. 지하철

A: _____?

B: _____.

2. 콘서트

A: _____?

B: _____.

3. 동물원

A: _____?

B: _____.

4. 영화관

A: _____?

B: _____.

Different cultures have different manners. Interview your classmates or search online and provide a statement per country about things that are not allowed.

나라 이름	하면 안 되는 것
한국	예) 빨간 펜으로 이름을 쓰면 안 돼요.

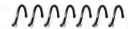
문법 5 –는 동안: While-ing

J Complete the conversations as in the example using –는 동안.

예
A: 언제 여행을 할 거예요?

B: 방학 때 <u>쉬는 동안</u> 여행을 하고 싶어요. (쉬다)

1.
A: 제주도가 그렇게 아름다워요?

B: 네, 한국에서 ＿＿＿＿＿＿＿ 제주도에 꼭 가 보세요. (지내다)

2.
A: 언제 일을 다 끝냈어?

B: 네가 ＿＿＿＿＿＿＿ 다 했어. (숙제하다)

3.
A: 그 친구는 언제 만났어요?

B: 영국에서 ＿＿＿＿＿＿＿ 만났어요. (공부하다)

4.
A: 비행기가 2시간 후에 출발해.

B: 그럼 비행기를 ＿＿＿＿＿＿＿ 쇼핑할까? (기다리다)

K Fill in the blanks with the most appropriate verbs using –는 동안.

설거지하다   입어 보다   보다   읽다   살다   없다   운동하다

1. 영화를 ＿＿＿＿＿＿＿＿＿ 팝콘을 먹었어요.

2. 내가 집에 ＿＿＿＿＿＿＿＿＿ 너는 뭐했어?

3. 한국에서 ＿＿＿＿＿＿＿＿＿ 하고 싶은 게 뭐예요?

4. 체육관에서 ＿＿＿＿＿＿＿＿＿ 음악을 들었어요.

5. 지수가 책을 ＿＿＿＿＿＿＿＿＿ 동생은 숙제를 끝냈어요.

6. 내가 옷을 ＿＿＿＿＿＿＿＿＿ 여기에서 잠깐만 기다려.

7. 아빠가 부엌에서 ＿＿＿＿＿＿＿＿＿ 엄마는 커피를 마셔요.

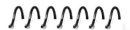

놓다 to place

L Rearrange the words to make a complete sentence.

1. 봐요   밥을   유튜브를   먹는 동안

    _____.

2. 음식을   마셔요   기다리는 동안   음료수를

    _____.

3. 스마트폰을   안 돼요   운전하는 동안   보면

    _____.

4. 자는 동안   선물을   산타가   놓고 가요   아이들이

    _____.

M Complete the sentences.

1. 여행하는 동안 _____.

2. 영화를 보는 동안 _____.

3. 우리는 드라마를 보는 동안 _____.

4. 저는 지하철로 학교에 가는 동안 주로 _____.

N Use the given phrases to write questions as in 1. Then interview your classmates using the four questions.

1. 고등학교에 다니는 동안 뭐가 제일 기억에 남아요?

    _____.

2. 고등학교에 다니는 동안 _____?

    _____.

3. 대학교에 다닐 때 _____?

    _____.

4. 작년에 쉴 때 _____?

    _____.

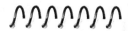

 6 –(으)ㄴ 적이 있다/없다: Past experience

팬 미팅 fan meeting
치어리더 cheerleader
포크 fork

Ⓘ **Complete the table using –(으)ㄴ 적이 있다/없다.**

Verbs	–(으)ㄴ 적이 있다	Verbs	–(으)ㄴ 적이 없다
만나다		마시다	
읽다		살다	
입다		찾다	
듣다		입다	
만들다		부르다	

Ⓟ **Complete the sentences using –어/아 본 적 있어.**

1. A: 스카이다이빙을 _____?

   B: 응, 해 봤어. 조금 무서웠지만 재미있었어.

2. A: 한복을 _____?

   B: 응, 작년 추석에 한번 입어 봤어.

3. A: 칠면조를 _____?

   B: 아니, 칠면조를 별로 안 좋아해.

4. A: 유명한 가수를 _____?

   B: 응, 팬 미팅에서 만나 봤어.

5. A: 사람들 앞에서 춤을 _____?

   B: 응, 고등학생 때 치어리더였어.

6. A: 젓가락으로 스파게티를 _____?

   B: 아니, 나는 포크로 먹어.

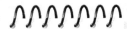

Q **Complete the sentences using −(으)ㄴ 적이 있어요.**

한번도 (not) even once

1. 날씨가 좋아서 _____.

2. 여행하는 동안 _____.

3. 가족하고 같이 _____.

4. 모르는 사람한테서 _____.

5. 비가 오는데 밖에서 _____.

R **List things that you have never done as in the example, using −(으)ㄴ 적이 없어요.**

> 예
> 저는 한번도 비밀을 들킨 적이 없어요.

1. 바다에서 _____.

2. 부모님한테 _____.

3. 저는 병원에 _____.

4. 겨울에 밖에서 _____.

5. 유명한 사람하고 _____.

6. _____.

S **On the chart provide two activities that you have done at each place using −(으)ㄴ 적이 있다. Then add another place and two activities on 5.**

장소	Activity 1	Activity 2
1. 다운타운에서	춤 춰 본 적이 있어요.	
2. 화장실에서		
3. 외국에서		
4. 친구 집에서		
5.		

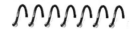

국제 영화제 international film festival
열리다 to take place
배우 actor
먼저 first
들다 to hold
코를 풀다 ㉣ to blow one's nose
예의 etiquette

T **Listen to the conversation and answer the questions.**

1. 남자는 한국에서 있는 동안 무엇을 하고 싶어 합니까?

① 제주도에서 살고 싶어 합니다.

② 여행을 다니고 싶어 합니다.

③ 영화를 만들고 싶어 합니다.

④ 유명한 영화배우를 만나고 싶어 합니다.

2. 부산에 대해 맞지 <u>않는</u> 것은 무엇입니까?

① 바다 경치가 멋있습니다.

② 맛있는 음식이 많습니다.

③ 국제 영화제가 열립니다.

④ 유명한 영화배우들이 많이 삽니다.

3. 다음 중 맞는 것은 무엇입니까?

① 남자는 지금 한국에서 살고 있습니다.

② 남자는 지난 주말에 부산에 다녀왔습니다.

③ 남자는 한국에서 여행 가 본 적이 없습니다.

④ 남자는 부산에서 유명한 사람을 만난 적이 있습니다.

U **Listen to the narration and choose True or False.**

1. 한국에서 나이가 많은 사람이 먼저 식사를 시작해요.   (T / F)

2. 식사하는 동안 그릇을 들고 먹어야 돼요.   (T / F)

3. 밥 먹는 동안 소리를 내는 것이 좋아요.   (T / F)

4. 식사할 때 코를 푸는 것은 예의가 아니에요.   (T / F)

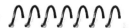

V Read the following text and answer the questions.

> 이용객 visitor, user
> 주의 사항 precaution
> 쓰레기 trash
> 아무 데 any place
> 버리다 to throw away
> 목줄 leash
> 풀다 ㄹ to untie

이용객 주의 사항

- 술을 마시면 안 됩니다.
- 큰소리로 노래를 부르면 안 됩니다.
- 쓰레기를 아무 데나 버리면 안 됩니다.
- 의자에 신발을 신고 올라가면 안 됩니다.
- 개를 데리고 산책할 때 목줄을 풀면 안 됩니다.

1. 위의 글은 어디서 볼 수 있습니까?

① 수영장   ② 호텔   ③ 공원   ④ 공항

2. 다음 중 맞는 것을 고르세요.

① 의자에 앉을 수 없습니다.   ② 개와 같이 산책할 수 없습니다.

③ 음료수를 가지고 올 수 없습니다.   ④ 큰 소리로 노래를 부를 수 없습니다.

3. Add restrictions to the directions above using – (으)면 안 됩니다.

1) _____.

2) _____.

3) _____.

W Translate the following sentences into Korean using 반말.

1. I have worked at a convenience store.

_____.

2. I have lived apart from my family.

_____.

3. While I lived in Korea, I travelled a lot.

_____.

4. While I prepare for dinner, please clean up the house.

_____.

감자탕 먹어 볼래요.

단어 및 표현 1

A Choose the word that corresponds to each picture.

| 감자 | 보여 주다 | 마을 | 고르다 | 시키다 | 미끄럽다 |

1.

2.

3.

4.

5.

6.

B Match each word on the left with the taste of the food on the right.

1. 설탕 · · 시다

2. 감자탕 · · 시원하다

3. 레몬 · · 달다

4. 소금 · · 쓰다

5. 약 · · 매콤하다

6. 약 · · 짜다

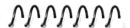

회사 company
전통적 traditional
야채 vegetable
기름 oil
식초 vinegar
등 etc.
소스 sauce
뿌리다 to sprinkle, spread

C **Fill in the blanks with corresponding words.**

한국어	영어	한국어	영어
	to trust/believe		to look into
	until now	돼지고기	
생활		외국인	
	soft tofu stew		well
찾아보다			to suit one's taste

D **Complete the sentences with the most appropriate expressions.**

| 감자 | 어떤 | 미리 | 방법 | 생각 | 일주일 |

1. 냉면은 _____ 음식이에요?

2. 수업이 _____에 세 번 있어요.

3. 이번 숙제가 _____ 보다 시간이 많이 걸리네요.

4. 점심은 밥 먹기가 싫어서 _____을/를 쪄서 먹었어요.

5. 친구들이 오기 전에 _____ 음식을 만들고 청소를 했어요.

6. 저는 친구에게 한국어로 문자 보내는 _____을/를 가르쳐 줬어요.

E **Choose the word from the box that matches the following definitions.**

| 한옥 | 지각하다 | 매콤하다 | 유학 | 샐러드 | 외국인 |

1. [ ] : 다른 나라 사람

2. [ ] : 맛이 약간 매워요.

3. [ ] : 회사에 늦었어요.

4. [ ] : 한국의 전통적인 집

5. [ ] : 외국에서 공부하는 것

6. [ ] : 야채 위에 기름, 식초 등 소스를 뿌린 음식

F **Complete the table using informal polite ending and −(으)ㄹ래요.**

Verb	−어/아요	−(으)ㄹ래요
찍다	찍어요	
가다	가요	
보다		볼래요
먹다	먹어요	
공부하다	공부해요	
보여 주다		보여 줄래요
고르다	골라요	
듣다		들을래요
눕다	누워요	
살다	살아요	

G **Choose the most appropriate words for the blanks.**

1. 날씨가 추운데 집에서 영화 _____?

   ① 볼래요   ② 봐을래요   ③ 봘래요   ④ 보을래요

2. 주말인데 우리 집에서 같이 _____?

   ① 놀래요   ② 노을래요   ③ 놀을래요   ④ 노를래요

3. 날씨가 따뜻해요. 공원에서 좀 _____?

   ① 걷을래요   ② 걸을래요   ③ 걸래요   ④ 거들래요

4. 시험 끝나고 뭐 _____?

   ① 하래요   ② 핼래요   ③ 할래요   ④ 할을래요

5. 주말에 같이 골프 _____?

   ① 칠래요   ② 치을래요   ③ 철래요   ④ 쳐을래요

6. 뭐 _____?

   ① 먹으래요   ② 드래요   ③ 먹래요   ④ 드실래요

7. 추석인데 같이 송편 _____?

   ① 만드래요   ② 만들을래요   ③ 만들래요   ④ 만드을래요

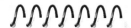

Complete the conversations using −(으)ㄹ래요 as shown in the example.

공포 영화 horror movie

> **예**
>
> A: 우리 같이 쇼핑몰에 가서 옷 사요.
>
> B: 지금은 세일을 안 해서 안 <u>살래요</u>.

1. A: 커피 한 잔 드실래요?

   B: 오늘 커피 너무 많이 마셨어요. 지금은 안 _____.

2. A: 우리 같이 공포 영화 _____?

   B: 저는 무서운 영화 안 좋아해요.

3. A: 많이 걸었네요. 여기에 좀 _____?

   B: 네, 잠깐 앉아서 쉬어요.

4. A: 날씨가 참 따뜻하네요. 우리 같이 _____?

   B: 저도 운동하고 싶었는데 잘됐네요.

5. A: 내일 파티를 하려고 하는데 우리 집에 _____?

   B: 네, 좋아요. 몇 시까지 갈까요?

Complete the conversations using −(으)ㄹ래요.

1. A: 뭐 주문할 거예요?

   B: 저는 _____.

2. A: 날씨가 추운데 _____?

   B: 네, 제가 닫을게요.

3. A: 다음 주 토요일에 이사하는데 _____?

   B: 그럼요, 제가 도와줄게요.

4. A: 오늘 수민 씨 집에서 파티 하는데 안 갈래요?

   B: 가고 싶은데 너무 피곤하네요. _____.

J **Choose the most appropriate expressions for the blanks.**

1. A: 왜 지각했어요?

   B: 아침에 늦게 _____.

   ① 자거든요   ② 일어났거든요   ③ 주무셨거든요   ④ 일어나셨거든요

2. A: 케이팝을 왜 좋아하세요?

   B: 가수들이 노래도 잘하고 춤도 잘 _____.

   ① 추거든요   ② 췄거든요   ③ 잘생겼거든요   ④ 맞거든요

3. A: 집에서 학교까지 걸어서 가요?

   B: 아니요, 버스로 가요. 집이 좀 _____.

   ① 가깝거든요   ② 멀거든요   ③ 살거든요   ④ 많거든요

4. A: 저 스마트폰은 얼마예요?

   B: 저건 좀 비싸요. 며칠 전에 새로 _____.

   ① 들어가거든요   ② 들어갔거든요   ③ 나오거든요   ④ 나왔거든요

5. A: 지난 여름방학에 뭐 했어요?

   B: 한국어 공부를 시작했어요. 내년 여름에 한국에 _____.

   ① 다닐 거거든요   ② 올 거거든요   ③ 갈 거거든요   ④ 모일 거거든요

6. A: 어제 밖에서 테니스 쳤어요?

   B: 못 쳤어요. 날씨가 너무 _____.

   ① 흐렸거든요   ② 추웠거든요   ③ 화창했거든요   ④ 불었거든요

7. A: 민수 씨, 왜 그렇게 바쁘세요?

   B: 지금 하는 일을 오늘까지 다 _____.

   ① 끝내야 하거든요   ② 부탁해야 하거든요   ③ 벌어야 하거든요   ④ 붙어야 하거든요

8. A: 정민 씨, 땀을 많이 흘리네요.

   B: 네, 운동을 많이 해서 지금 좀 _____.

   ① 덥거든요   ② 더우거든요   ③ 더워거든요   ④ 더웠거든요

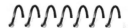

휴대폰 mobile phone
방금 a moment ago
액션 영화 action movie

K Complete the conversations using **–거든** as shown in the example.

> **예**
>
> A: 저 식당은 사람이 많네.
>
> B: 가격도 싸고 음식이 <u>맛있거든</u>.

1.

   A: 떡볶이를 잘 먹네.

   B: 응, 내가 매운 음식을 잘 _____.

2.

   A: 와, 쿠키가 맛있네.

   B: 응, 방금 _____.

3.

   A: 저녁을 왜 안 먹어?

   B: 점심을 많이 먹어서 아직 배가 안 _____.

4.

   A: 여기에 뭐 타고 왔어?

   B: 지하철로 왔어. 지하철이 _____.

5.

   A: 한국어 발음이 참 좋네.

   B: 매일 케이팝을 _____.

6.

   A: 휴대폰 새 것으로 바꿨네.

   B: 휴대폰이 _____. 그래서 새로 샀어.

7.

   A: 액션 영화 보러 같이 안 갈래?

   B: 오늘은 다른 영화 보자. 지난주에도 액션 영화 _____.

8.

   A: 나갈 때 따뜻한 옷을 입어. 날씨가 _____.

   B: 알려줘서 고마워.

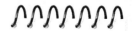
문법 3 -(으)ㄹ 만하다: Be worthy of doing

L Complete the table using -(으)ㄹ 만해요.

Verbs	-(으)ㄹ 만해요	Verbs	-(으)ㄹ 만해요
먹다		배우다	
보다		쓰다	
믿다		걷다	
듣다		구경하다	
살다		만들다	

M Choose the most appropriate expressions for the blanks.

1. A: 제주도에서 _____ 음식 좀 추천해 주세요.
   B: 제주도에 가면 싱싱한 회를 드셔 보세요.

   ① 먹을 만한　　　② 팔 만한　　　③ 갈 만한　　　④ 보낼 만한

2. A: 차가 또 고장이 났어요?
   B: 요즘 가끔 고장이 나는데 아직은 _____.

   ① 살 만해요　　　② 탈 만해요　　　③ 갈아탈 만해요　　　④ 볼 만해요

3. A: 어머! 잡채가 맛있네요. 이거 직접 만드셨어요?
   B: 네, 생각보다 어렵지 않았어요. 혼자 _____.

   ① 마실 만했어요　　② 드실 만했어요　　③ 만들 만했어요　　④ 만들을 만했어요

4. A: 저희 회사에서 사람을 구하고 있는데 _____ 사람 있어요?
   B: 네, 제 친구가 잘할 것 같은데 한번 물어볼게요.

   ① 예약할 만한　　② 세울 만한　　③ 모을 만한　　④ 추천할 만한

5. A: 나래 씨가 말하기 대회에서 상을 받았네요.
   B: 네, 나래 씨가 한 달 동안 연습을 많이 했어요. 상을 _____.

   ① 쓸 만해요　　　② 받을 만해요　　③ 나갈 만해요　　④ 할 만해요

6. A: 새집이 어때요? 마음에 들어요?
   B: 네, 근처에 마트도 있고 공원도 있어서 _____.

   ① 팔 만해요　　　② 볼 만해요　　　③ 살 만해요　　　④ 올 만해요

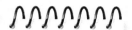

장소 place
군데 counting unit for place(s)
인상적이다 to be impressive
버리다 to throw away
도시 city
외롭다 ⓑ to be lonely
성격 personality

N Fill in the blanks with the most appropriate words using –(으)ㄹ 만하다.

| 먹다 | 요리하다 | 구경하다 | 올리다 | 듣다 | 읽다 |

1. A: 다음 학기에 _____ 수업 좀 추천해 주세요.

   B: 심리학 수업을 들었는데 재미있었어요.

2. A: 토론토에서 _____ 장소 좀 추천해 주세요.

   B: 여러 군데가 있는데 CN 타워가 인상적이었어요.

3. A: 요즘 _____ 소설책 좀 추천해 주세요.

   B: 이 책을 한번 읽어 보세요. 요즘 인기가 아주 많아요.

4. A: 한국에서 _____ 음식 좀 추천해 주세요.

   B: 삼겹살 한번 먹어 보세요. 저도 처음 먹어 봤는데 맛있었어요.

5. A: 내일 캠핑을 가는데 _____ 음식 좀 추천해 주세요.

   B: 김치찌개 어때요? 만들기 쉬워요. 물에 김치만 넣고 끓이면 돼요.

6. A: 이 사진들 중에서 어떤 게 좋아요? 블로그에 _____ 사진 좀 골라 주세요.

   B: 저는 이 사진이 제일 마음에 드네요.

◑ Write the sentences using –(으)ㄹ 만하다.

1. 날씨가 흐렸지만 사진은 _____.

2. 요즘 _____ 드라마가 뭐가 있어요?

3. 사회학 수업이 좀 어렵지만 _____.

4. 백화점에서 세일을 해서 _____ 것이 많았어요.

5. 그 책은 생각보다 어렵지 않았어요. _____.

6. 이 티셔츠는 10년 전에 샀지만 _____ 버리지 않았어요.

7. 서울은 아주 멋진 도시예요. 한번 _____.

8. 유학 생활이 좀 외롭지만 지금은 혼자 _____.

9. 다니엘이 한국어 공부를 아주 열심히 했어요. A+를 _____.

10. 저스틴 씨는 성격도 좋고 사람들한테 친절해요. 사람들이 _____.

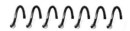

더 나아가기 1

국수 noodle
국물 soup
디저트 dessert
나머지 the rest
과자 snack
과일 fruit
빵 bread
배달 delivery
직접 firsthand

P Listen to the narration and choose True or False.

1. 다니엘은 이 식당에 와 본 적이 없습니다.　　　(T / F)

2. 다니엘은 보통 이 식당에서 된장찌개를 먹습니다.　(T / F)

3. 오늘 다니엘은 뜨거운 음식을 먹고 싶어 합니다.　(T / F)

4. 한국 사람들은 주로 추운 날씨에 냉면을 먹습니다.　(T / F)

5. 냉면은 차가운 음식입니다.　　　　　　　　　(T / F)

Listen to the conversation and answer the questions.

1. 다음 중 맞지 <u>않는</u> 것은 무엇입니까?

① 저스틴은 크리스마스 계획이 없었습니다.

② 미영과 저스틴은 미영의 집에서 파티를 할 겁니다.

③ 미영은 저스틴을 초대했습니다.

④ 미영은 파티 음식을 직접 요리할 겁니다.

2. 저스틴은 무슨 음식을 가져갑니까?

① 음료수　　　　　　　　　② 케이크

③ 피자　　　　　　　　　　④ 샐러드

3. 미영이 준비하는 음식이 <u>아닌</u> 것은 무엇입니까?

① 음료수　　　　　　　　　② 과일

③ 과자　　　　　　　　　　④ 빵

4. Fill in the blank.

저스틴이 말했어요. "요즘은 배달 음식도 ＿＿＿＿＿＿＿＿＿＿＿＿＿＿."

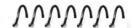

R Read the following text and answer the questions.

기대(하다) to expect
삼계탕 Ginseng Chicken Soup
닭 chicken
인삼 ginseng
등 etc.
이상하다 to be strange
반하다 to fall in love
되다 to become

지난 방학 때 다니엘은 한국에 한 달 동안 다녀왔습니다. 다니엘은 한국에 처음 가는 거라서 기대를 많이 했습니다. 다니엘은 한국에 가기 전에 먹고 싶은 음식과 가고 싶은 곳을 인터넷으로 찾아보았습니다. 다니엘은 이곳저곳을 돌아다니면서 맛있는 음식을 먹었는데 삼계탕이 가장 기억에 남았습니다.

삼계탕은 닭 한 마리에 인삼, 마늘, 쌀 등을 넣고 끓인 음식입니다. 한국 사람들은 더운 여름에 삼계탕을 먹습니다. 다니엘은 더운 여름에 뜨거운 음식을 먹는 것이 이상해서 처음에는 먹고 싶지 않았습니다. 그렇지만 삼계탕을 한번 먹어 보고 반했습니다. 삼계탕은 다니엘이 제일 좋아하는 한국 음식이 되었습니다. 다니엘은 한국에 가는 친구들에게 삼계탕을 추천합니다. "삼계탕은 꼭 한번 먹어 볼 만한 음식이야. 한국에 가면 꼭 먹어 봐. 아주 맛있어."

1. 다음 중 맞는 무엇입니까?

　① 다니엘은 이번 방학 때 한국에 갑니다.

　② 삼계탕은 닭으로 만든 음식인데 뜨겁습니다.

　③ 삼계탕은 닭을 오랫동안 구워서 만듭니다.

　④ 다니엘은 한국에 가기 전에 삼계탕을 먹어 본 적이 있습니다.

2. 삼계탕을 만들 때 넣지 <u>않는</u> 것은 무엇입니까?

　① 인삼　　　　　② 마늘　　　　　③ 간장　　　　　④ 쌀

3. 다니엘은 처음에 왜 삼계탕을 먹고 싶지 않았습니까?

　더운 날씨에 _____.

S Write a paragraph about a memorable trip or food as in the passage above using –(으)ㄹ 만하다.

_____

_____

_____

_____

대화 2

단어 및 표현 2

A Choose the word that corresponds to each picture.

예약하다	기름	재료	녹다	회사	타다

1.

2.

3.

4.

5.

6. Reserved

B Choose the most appropriate expressions. Conjugate the verbs and adjectives using −어/아요 form in the appropriate tense.

세우다	싱겁다	배가 부르다	문학	맛보다	쓰다	냄비

1. 저는 새해가 되면 계획을 많이 _____.

2. 제니퍼는 친구가 만든 된장찌개를 _____.

3. 저녁을 너무 많이 먹었어요. 아직도 _____.

4. 밤에 배가 고파서 _____에 라면을 끓여 먹었어요.

5. 커피에 설탕을 넣지 않았어요. 그래서 커피가 너무 _____.

6. 저는 어릴 때부터 _____을 좋아했어요. 소설가가 되고 싶어요.

7. 찌개에 물을 너무 많이 넣었어요. 맛이 _____.

C Match each picture on the left with the recipe on the right.

1. •   • 다지다

2. •   • 담그다

3. •   • 볶다

4. •   • 섞다

D Choose the most appropriate words for the blanks.

1. A: 불고기 _____은/는 어떻게 만들어요?

   B: 간장하고 설탕하고 참기름을 넣고 섞으면 돼요.

   ① 양념 ② 고추장 ③ 요리법 ④ 재료

2. A: 제가 만든 잡채 맛 좀 봐 주세요. 맛이 어때요?

   B: 괜찮은데 약간 _____. 간장을 더 넣는 게 어때요?

   ① 쓰네요 ② 시네요 ③ 짜네요 ④ 싱겁네요

3. A: 웹사이트에 숙제 올렸어?

   B: 아니요, 아직 못 했어요. 내일 _____.

   ① 녹으려고요 ② 내려고요 ③ 세우려고요 ④ 가려고요

4. A: 그 식당에 가려면 꼭 _____. 그냥 가면 많이 기다려야 돼요.

   B: 네, 알겠습니다.

   ① 예약하세요 ② 들어가세요 ③ 간을 맞추세요 ④ 고르세요

5. A: 라면을 끓일 때 준비해야 할 _____은/는 뭐가 있어요?

   B: 라면하고 물만 있으면 돼요.

   ① 요리법 ② 냄비 ③ 재료 ④ 난이도

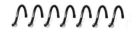

옷걸이 clothes hanger
걸다 ⓔ to hang
손님 customer, guest
야채 vegetable

 4 **–어/아 놓다: Do for future reference or use**

E **Complete the table using –어/아 놓았어요.**

Verbs	–어/아 놓았어요	Verbs	–어/아 놓았어요
넣다		주차하다	
찍다		쓰다	
만들다		다지다	
세우다		켜다	
받다		닫다	

F **Change the following sentences using –어/아 놓았어요.**

> 예 에어컨을 <u>켰어요</u>. → 에어컨을 켜 놓았어요.

1. 샐러드를 <u>만들었어요</u>. → 샐러드를 _____.
2. 옷을 옷걸이에 <u>걸었어요</u>. → 옷을 옷걸이에 _____.
3. 고장 난 컴퓨터를 <u>고쳤어요</u>. → 고장 난 컴퓨터를 _____.
4. 제니퍼한테 메시지를 <u>보냈어요</u>. → 제니퍼한테 메시지를 _____.
5. 날씨가 좋아서 창문을 <u>열었어요</u>. → 날씨가 좋아서 창문을 _____.
6. 영화표를 인터넷으로 <u>예약했어요</u>. → 영화표를 인터넷으로 _____.
7. 손님이 오기 전에 집을 <u>청소했어요</u>. → 손님이 오기 전에 집을 _____.

G **Fill in the blanks with the most appropriate words using –어/아 놨어요.**

> 열다   썰다   끝내다   끄다   시키다   담그다

1. 미역을 물에 _____.
2. 시험을 보기 전에 휴대폰을 _____.
3. 어제 자기 전에 숙제를 다 _____.
4. 친구들이 오기 전에 음식을 _____.
5. 어젯밤에 너무 더워서 창문을 _____.
6. 고기를 볶기 전에 야채를 미리 _____.

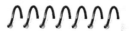

H **Choose the most appropriate expression for each blank.**

거의 almost
구두 shoes
닦다 to wipe, scrub
모으다 ⓔ to collect, save
잊어버리다 to forget
메모지 memo pad
항상 always

1. A: 모하메드 씨한테 연락했어?

   B: 전화를 했는데 안 받아서 메시지를 _____.

   ① 세워 놨어   ② 붙여 놨어

   ③ 넣어 놨어   ④ 남겨 놨어

2. A: 이 상자를 어디에 놓을까요?

   B: 저기 책상 아래에 _____.

   ① 세워 놨어요   ② 담가 놓으세요   ③ 내려 놓으세요   ④ 남겨 놓으세요

3. A: 내일 인터뷰 준비 다 했어요?

   B: 네, 준비는 거의 다 끝났어요. 구두도 _____.

   ① 끝내 놨어요   ② 남겨 놨어요   ③ 담가 놨어요   ④ 닦아 놨어요

4. A: 냉면 맛있겠다. 엄마, 좀 잘라 주세요.

   B: 엄마가 _____. 그냥 먹으면 돼.

   ① 먹어 놨어   ② 잘라 놨어   ③ 담가 놨어   ④ 볶아 놨어

5. A: 내일 지영 씨 생일인데 선물 샀어요?

   B: 네, 지난주에 백화점에 가서 선물을 _____.

   ① 걸어 놨어요   ② 남겨 놨어요   ③ 사 놨어요   ④ 닦아 놨어

6. A: 유럽 여행 가려면 돈이 많이 들지요?

   B: 네, 그래서 저는 2년 전부터 아르바이트를 해서 돈을 좀 _____.

   ① 붙여 놨어요   ② 불러 놨어요   ③ 모아 놨어요   ④ 써 놨어요

7. A: 배고프네요. 라면 먹을까요? 제가 냄비에 물을 끓일게요.

   B: 조금 전에 제가 물을 _____. 지금 라면을 넣으면 돼요.

   ① 걸어 놨어요   ② 끓여 놨어요   ③ 담가 놨어요   ④ 붙여 놨어요.

8. A: 저는 중요한 약속을 잘 잊어버려요. 어떻게 하는 게 좋을까요?

   B: 저는 중요한 것을 메모지에 항상 _____.

   ① 써 놔요   ② 붙여 놔요   ③ 끝내 놔요   ④ 넣어 놔요

9. A: 마트에 가면 항상 돈을 많이 써. 필요 없는 것을 많이 사.

   B: 나는 사야 할 것을 메모지에 써서 냉장고에 _____.

   ① 붙여 놔   ② 닦아 놔   ③ 넣어 놔   ④ 열어 놔

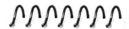

문법 5 -(으)ㄹ: Noun-modifying form (future action)

얼른 quickly, immediately
데 place
물건 thing, product

I **Complete the table using the noun-modifying form.**

Verbs	Tense		
	Past	Present	Future
먹다	먹은	먹는	먹을
오다			
마시다			
내다			
돕다			
걷다			
살다			

J **Fill in the blanks with the most appropriate word using -(으)ㄹ.**

보내다	읽다	물어보다	만나다	먹다

1. 이건 내일부터 _____ 책이에요.
2. 내일 부모님께 _____ 편지를 쓰고 있어요.
3. 냉장고에 _____ 음식이 없어요. 장을 봐야 돼요.
4. 리사 씨, 지금 시간 있어요? _____ 게 하나 있어요.
5. 요즘 일이 너무 바빠서 친구를 _____ 시간이 없어요.

K **Choose the most appropriate form.**

1. 이제 (잔 / 자는 / 잘) 시간이야. 얼른 자.
2. 이 사진은 지난주에 (찍은 / 찍는 / 찍을) 사진이에요.
3. 이 근처에 버스 (탄 / 타는 / 타은 / 탔는) 데가 어디 있어요?
4. 어제 (만든 / 만드는 / 만들 / 만들을) 음식은 김치볶음밥이에요.
5. 잡채를 (만든 / 만드는 / 만들 / 만들을) 방법이 생각보다 어렵지 않아요.
6. 지난 학기에 (들은 / 듣은 / 듣는 / 들을) 심리학 수업은 아주 재미있었어요.
7. 어제 인터넷에서 (주문한 / 주문했는 / 주문하는 / 주문할) 물건이 도착했어요.
8. 다음 학기에 한국어를 (가르친 / 가르쳤는 / 가르쳐는 / 가르칠) 선생님이 누구세요?

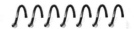

마스크 mask
식탁 dinning table
유행이다 to be popular
문을 열다 ㄹ to start a business

L Complete the conversations using the most appropriate noun-modifying forms.

> 예
> A: 저분 아세요?
> B: 아니요. <u>모르는</u> 사람이에요.
>
> A: 한국에 언제 갈 계획이에요?
> B: 내년쯤 가려고요.

1. A: 요즘 감기에 _____ 사람이 많네요.

   B: 네, 저도 마스크를 써야겠어요.

2. A: 내일 비비안 씨 파티에 무슨 음식 가져가요?

   B: 제가 _____ 음식은 샐러드예요.

3. A: 어디 가세요?

   B: 백화점에 가요. 겨울에 _____ 코트 하나 사려고요.

4. A: 제가 냉장고에 _____ 메모지 못 봤어요?

   B: 아, 그거 식탁 위에 있어요.

5. A: 저기서 지수 씨하고 _____ 사람은 누구예요?

   B: 저분은 지수 씨 오빠예요.

6. A: 불고기를 만들 때 _____ 양념 좀 알려 주세요.

   B: 간장, 설탕, 참기름이 들어가요.

7. A: 비비안 씨, 스웨터가 참 예쁘네요.

   B: 고마워요. 지난 크리스마스에 부모님께 _____ 선물이에요.

8. A: 어제 축구 경기 봤어요?

   B: 아니요, 이번 학기에는 바빠서 티브이를 _____ 시간이 없어요.

9. A: 한국에 있을 때 부산에 가 봤어요?

   B: 가고 싶었는데 _____ 시간이 없었어요. 다음에 꼭 가려고요.

10. A: 비비안 씨가 _____ 스웨터 색깔이 아주 예쁘네요.

    B: 그렇죠? 요즘 저 색깔이 유행이에요.

11. A: 지금 피아노를 _____ 사람은 누구예요? 연주가 너무 좋네요.

    B: 비비안 씨예요. 피아노를 아주 잘 쳐요.

12. A: 점심은 어디서 먹었어요?

    B: 학교 앞에 얼마 전에 문을 _____ 식당이 맛있어요. 거기서 먹었어요.

문법 6 –(으)ㄴ/는/(으)ㄹ 것 같다: It seems

M Complete the table using –(으)ㄴ/는 같다.

Verbs/Adjectives	Tense		
	Past	Present	Future/Probability
자다	잔 것 같아요	자는 것 같아요	잘 것 같아요
듣다			
살다			
학생이다	–		
싱겁다	–		
짜다	–		
재미있다	–		
그렇다	–		

N Match each sentence on the left with the related sentence on the right.

1. 사람들이 두꺼운 옷을 입었어요. •
2. 차가 많이 막혀요. •
3. 학생들이 수업 시간에 자요. •
4. 날씨가 흐려요. •
5. 다음 주에 시험이 있어요. •
6. 오늘 커피를 너무 많이 마셨어요. •
7. 음식 냄새가 좋아요. •
8. 컴퓨터가 고장 났어요. •

• 오늘 파티에 못 갈 것 같아요.
• 날씨가 추운 것 같아요.
• 비가 올 것 같아요.
• 맛있을 거 같아요.
• 늦을 것 같아요.
• 고쳐야 할 것 같아요.
• 밤에 잠을 못 잘 것 같아요.
• 수업이 재미없는 것 같아요.

O Choose the correct form.

1. 내일 날씨가 (좋은 / 좋는 / 좋을) 것 같아요.
2. 저 남자는 키가 (큰 / 크는 / 크을) 것 같아요.
3. 이 티셔츠 가격이 (싼 / 싸는 / 싸을) 것 같아요.
4. 다음 주 시험은 (어려운 / 어려운 / 어려울) 것 같아요.
5. 제임스가 지난 주말에 등산을 (한 / 하는 / 할) 것 같아요.
6. 지민 씨가 어제 술을 많이 (마신 / 마시는 / 마실) 것 같아요.
7. 점심을 안 먹었기 때문에 이따가 저녁을 많이 (먹은 / 먹는 / 먹을) 것 같아요.

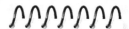

싸우다 to fight

P **Complete the conversations using −(으)ㄴ/는/(으)ㄹ 것 같다.**

1. A: 미선 씨하고 정우 씨하고 오늘 얘기를 안 해요.

   B: 네, 둘이 _____. (싸우다)

2. A: 이번 주말에 뭐 할 거예요?

   B: 아직 모르겠어요. 그냥 친구하고 _____. (놀다)

3. A: 오늘 몇 시에 만날래요?

   B: 주말이라서 차가 _____.조금 일찍 만나요. (막히다)

4. A: 손님, 신발 사이즈가 잘 맞아요?

   B: 아니요, 좀 _____. 큰 사이즈로 신어 볼 수 있어요? (작다)

5. A: 이 식당에서 먹을까요?

   B: 좋아요. 식당 안에 사람이 많네요. 음식이 _____. (맛있다)

Q **Look at the pictures and complete the sentences using −(으)ㄴ/는/(으)ㄹ 것 같다.**

1. 기분이 _____.

2. 머리가 좀 _____.

3. 오늘 날씨가 _____.

4. 지금 백화점에서 _____.

5. 아까 햄버거를 너무 많이 _____.

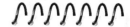

더 나아가기 2

셰프 chef
간단하다 to be simple
양념장 seasoning paste
헹구다 to rinse
그릇 bowl
비비다 to mix
순서 order
숫자 number

R **Listen to the conversation and answer the questions.**

1. 다음 중 맞는 것은 무엇입니까?

① 오늘은 친구 생일이에요.

② 여자는 쿠키를 선물할 거예요.

③ 쿠키 재료는 아침에 준비했어요.

④ 여자는 쿠키를 만들어 본 적이 있어요.

2. 쿠키의 맛이 어떨 것 같아요?

_____ .

S **Listen to the conversation and answer the questions.**

1. 남자는 무슨 음식을 소개하고 있습니까?

① 비빔밥   ② 비빔냉면   ③ 비빔국수   ④ 김치볶음밥

2. 셰프가 소개한 음식을 만드는 순서를 숫자로 쓰세요.

(   )   (   )   (   )

(   )   (   )

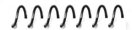

T **Read the following text and answer the questions.**

양파 onion
햄 ham
잘게 small, tiny
달구다 to heat up
계란 프라이 fried egg

맛있는 김치볶음밥 만들기

김치볶음밥은 집에서 만들기 쉬운 요리 중의 하나입니다. 김치볶음밥을 만들 때 필요한 재료는 김치, 양파, 햄, 밥, 기름입니다.

먼저 양파와 햄을 잘게 썰어 놓습니다. 프라이팬에 기름을 달군 후에 양파와 햄, 김치를 넣고 볶습니다. 그다음에 밥을 넣고 잘 섞어서 먹으면 됩니다. 김치볶음밥은 계란 프라이하고 같이 먹으면 더 맛있습니다.

1. 김치볶음밥의 재료가 <u>아닌</u> 것은 무엇입니까?

   ① 설탕   ② 양파   ③ 김치   ④ 기름

2. 다음 중 맞지 <u>않는</u> 것은 무엇입니까?

   ① 김치볶음밥은 만들기 쉽습니다.   ② 양파를 볶고 나서 김치를 볶습니다.

   ③ 계란은 잘게 썰어서 넣습니다.   ④ 김치를 볶고 나서 밥을 넣습니다.

U **Write your recipe for your favorite dish. Include the ingredients.**

• 요리 이름 :

• 재료 :

• 만드는 방법 :

동아리 모임에 같이 가자.

단어 및 표현 1

A Choose the word that corresponds to each picture.

| 사용법 | 바닷가 | 뛰다 | 지겹다 | 물가 | 가입하다 |

1.
   JOIN

2.

3.
   USER GUIDE

4.

5.

6.

B Fill in the blanks with corresponding words.

한국어	영어	한국어	영어
	to be possible		to be curious
	to follow	가입하다	
계속		물가	
선배			every week
	just in time		club

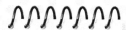

물건 thing, item
먼저 ahead, earlier

C **Match the phrases on the left with those on the right.**

1. 동아리에 • • 지겨웠어요.

2. 물건 값이 • • 가입했어요.

3. 영화가 재미없고 • • 궁금해요.

4. 라면 끓이는 것은 • • 가능해요.

5. 음식 배달이 • • 비싸요.

6. 친구 소식이 • • 간단해요.

D **Complete the sentences with the most appropriate expressions.**

환영	간단하다	꽤	모임	게다가	금방

1. 이 프린터는 사용법이 _____.

2. 점심을 _____ 먹었는데 배가 또 고파요.

3. 다운타운에 축제가 있어서 길이 _____ 막혔습니다.

4. 저희 집에 아무 때나 오세요. 언제든지 _____이에요.

5. 어제 비가 왔다. _____ 바람도 강하게 불어서 아주 추웠다.

6. 오늘은 아버지 생신이라서 가족 _____이 있어요. 일찍 집에 가야 돼요.

E **Choose the word from the box that matches the following definitions.**

궁금하다	환불하다	사용법	선배	값

1. [_____] : 어떤 것을 알고 싶다

2. [_____] : 물건을 쓰는 방법

3. [_____] : 물건을 살 때 주는 돈

4. [_____] : 물건을 살 때 낸 돈을 다시 받다

5. [_____] : 같은 학교를 나보다 먼저 다닌 사람

140 NEW GENERATION KOREAN 2 WORKBOOK

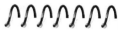

문법 1 Half-talk: Plain speech style

F **Complete the table using plain speech style.**

Verb/Adj.	-ㄴ다/는다/다	-니/냐?	-자	-어라/아라
먹다	먹는다	먹니/먹냐?	먹자	먹어라
뛰다				
살다				
듣다				
고르다				
바쁘다			–	–
지겹다			–	–
길다			–	–
궁금하다			–	–

G **Choose the most appropriate words for the blanks.**

1. 나는 매일 학교까지 _____.
   ① 걸어 다니다　　② 걸어 다닌다　　③ 걸어 다니는다　　④ 걷어 다닌다

2. 오늘은 바람이 많이 _____.
   ① 불다　　② 부을다　　③ 분다　　④ 부은다

3. 주말에는 항상 차가 _____.
   ① 막히는다　　② 막히이다　　③ 막히다　　④ 막힌다

4. 내일은 학교에서 축제가 _____.
   ① 있을 거다　　② 있는 거다　　③ 인 거다　　④ 이는 거다

5. 지수야, 오늘 영화 같이 보러 _____.
   ① 가는다　　② 가다　　③ 가자　　④ 가어라

6. 어제는 추석이었다. 달을 보고 소원을 _____.
   ① 빌다　　② 빈다　　③ 빌었다　　④ 빌었는다

7. 집에서 마트까지 1시간이 걸린다. 아주 _____.
   ① 멀다　　② 먼다　　③ 머는다　　④ 멀는다

8. 진영아, 내일 백화점에 가서 수미에게 줄 선물을 같이 _____.
   ① 고른자　　② 고르냐　　③ 골는다　　④ 고르자

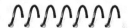

Look at the pictures and complete the dialogues as shown in the example.

지저분하다 to be messy, dirty

바퀴 counting unit for turn

예
A: 오늘 뭐 할 <u>거니/거냐</u>?
B: 피곤해서 잘 거야.

1.
A: 너는 어디 _____?
B: 나는 학교 기숙사에 살아.

2.
A: 방이 너무 지저분하다. _____.
B: 알았어요, 엄마. 이따가 청소할게요.

3.
A: 배고프지 않니? 같이 밥 먹으러 _____.
B: 나도 배고픈데 마침 잘 됐다.

4.
A: 한국어를 어떻게 그렇게 잘 _____?
B: 나는 매일 유튜브 보면서 공부해.

5.
A: 어떻게 그렇게 _____?
B: 나는 매일 동네 한 바퀴 뛰어. 너도 뛰면 건강해질 거야.

Change the given sentences into plain speech style.

1. 이름이 뭐예요? → _____?

2. 오늘은 날씨가 추워요. → _____.

3. 아침에는 지하철을 타세요. → _____.

4. 봄에는 날씨가 따뜻해져요. → _____.

5. 배고픈데 식당에 같이 가요. → _____.

6. 송편은 추석에 먹는 떡입니다. → _____.

7. 아버지는 회사에서 일하세요. → _____.

8. 할아버지는 신문을 읽고 계세요. → _____.

9. 식당에 지도를 보고 찾아 갔습니다. → _____.

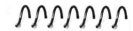

정도 approximately
시끄럽다 ⓐ
to be noisy

문법 2 –(으)ㄴ/는 편이다: To tend to

J Choose the most appropriate words for the blanks.

1. A: 룸메이트하고 사이가 어때요?
   B: 사이가 _____ 편이에요.
   ① 괜찮을   ② 괜찮는   ③ 좋은   ④ 좋는

2. A: 커피 좋아하세요?
   B: 아니요. 커피를 마시면 잠을 잘 _____ 편이라서 안 마셔요.
   ① 못 자는   ② 못 잔   ③ 못 잘   ④ 못 자을

3. A: 민지 씨는 키가 크네요.
   B: 네, 식구들이 모두 _____ 편이에요.
   ① 크는   ② 큰   ③ 높은   ④ 높는

4. A: 매주 세 번 정도 술을 마셔요.
   B: 그래요? 술을 자주 _____ 편이네요.
   ① 마신   ② 마시는   ③ 마실   ④ 먹은

5. A: 다니엘 씨하고 친해요?
   B: 네, 어렸을 때부터 알고 지내서 아주 _____ 편이에요.
   ① 친한   ② 친하는   ③ 모르는   ④ 모른

6. A: 무슨 음악을 자주 들어요?
   B: 시끄러운 음악보다는 조용한 음악을 _____ 편이에요.
   ① 들은   ② 들는   ③ 듣은   ④ 듣는

7. A: 컴퓨터 샀어요?
   B: 아니요. 아직 _____ 편이라서 세일할 때 사려고요.
   ① 싸는   ② 싼   ③ 비싸는   ④ 비싼

8. A: 어떤 스타일의 옷을 자주 입으세요?
   B: 저는 드레스를 자주 _____ 편이에요.
   ① 메는   ② 신는   ③ 입는   ④ 쓰는

9. A: 시간이 있을 때 주로 뭐 하세요?
   B: 친구들하고 노래방에 가서 노래를 많이 _____ 편이에요.
   ① 부른   ② 부르는   ③ 불른   ④ 불르는

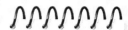

K **Complete the sentences as shown in the example.**

> 예
>
> A: 여름에 한국에 갈 때 뭘 가져가는 게 좋아요?
>
> B: 한국은 여름이 아주 <u>더운 편이에요</u>. 얇은 옷을 가져가는 게 좋아요.

1. A: 주말에 보통 뭐 하세요?

   B: 영화를 자주 _____.

2. A: 저 식당에 가 봤어요?

   B: 네, 음식도 맛있고 값도 _____.

3. A: 새로 이사 간 동네가 시끄럽지 않아요?

   B: 아니요, 생각보다 _____.

4. A: 시험 잘 봤어요?

   B: 아니요, 시험이 좀 _____.

5. A: 떡볶이가 어때요?

   B: 맛은 있는데 좀 _____.

6. A: 고민이 있을 때는 어떻게 해요?

   B: 주로 친구한테 _____.

7. A: 여기에서 집이 가까워요?

   B: 아니요, 집이 좀 _____. 차로 가야 돼요.

8. A: 어떤 운동을 좋아하세요?

   B: 작년부터 골프를 배우기 시작해서 골프를 자주 _____.

9. A: 제임스 씨가 약속 시간이 지났는데 안 오네요.

   B: 제임스 씨는 약속에 자주 _____. 금방 올 거예요.

10. A: 백화점에 뭐 타고 갈까요?

    B: 지하철을 타고 가요. 지금은 지하철이 버스보다 훨씬 _____.

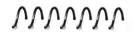

돌르다 to drop by
헤어지다 to break up

 Question word + -(이)든지: any (noun)

L **Fill in the blanks with correct forms.**

Question word	Question Word + -(이)든지	아무 + -[noun](이)나
뭐		
무슨 노래		
누구		
언제		
어디		
어디서		

M **Choose the most appropriate words for the blanks.**

1. A: 제가 언제 들를까요?

   B: _____ 오세요.

   ① 아무 때나   ② 아무거나   ③ 아무 데나   ④ 아무나

2. A: _____ 네가 먹고 싶은 걸로 골라. 오늘 점심은 내가 살게.

   B: 그래? 그럼, 갈비 먹어도 돼?

   ① 아무나   ② 아무거나   ③ 누구든지   ④ 언제든지

3. A: 며칠 전에 남자 친구하고 헤어졌어. 빨리 새 남자 친구를 만나고 싶어.

   B: 그래도 _____ 만나면 안 돼.

   ① 아무 때나   ② 아무거나   ③ 아무 데나   ④ 아무나

4. A: 오늘 날씨가 좋은데 같이 산책하자. 어디로 갈까?

   B: 나는 _____ 좋아.

   ① 아무 때나   ② 아무거나   ③ 아무 데나   ④ 아무나

5. A: 저스틴 씨는 공부도 잘하고 운동도 잘하네요.

   B: 네, 저스틴은 _____ 잘해서 친구들한테 인기가 많아요.

   ① 누구든지   ② 뭐든지   ③ 언제든지   ④ 어디든지

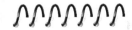

확인하다 to check
렌트하다 to rent
원하다 to want
어린이 child
야채 vegetable
회의 meeting
틀다 ㄹ to turn on
직원 crew

N Fill in the blanks with the most appropriate expressions. Use each word only once.

| 누구든지 | 뭐든지 | 어디든지 | 언제든지 |

1. 궁금한 것은 인터넷에서 _____ 찾아볼 수 있어요.

2. 요즘은 스마트폰으로 _____ 이메일을 확인할 수 있다.

3. 지난달에 차를 사서 이제 가고 싶은 곳은 _____ 갈 수 있다.

4. 스마트폰 사용법은 어렵지 않아서 _____ 쉽게 배울 수 있다.

Complete the conversations using 아무 + –[noun](이)나.

1. 손   님: 어디에 앉을까요?

   종업원: _____ 앉으셔도 됩니다.

2. 종업원: 주문하시겠어요?

   손   님: 배가 고프니까 _____ 빨리 나오는 걸로 주세요.

3. A: 이 영화는 _____ 볼 수 있어요?

   B: 아니요, 어린이는 볼 수 없어요.

4. A: 한국 가는 비행기 표는 _____ 예약해도 돼요?

   B: 싸게 사려면 빨리 예약하는 게 좋아요.

5. A: 볶음밥에는 어떤 야채를 넣어야 돼요?

   B: 집에 있는 야채 중에서 _____ 넣고 밥하고 볶으면 돼요.

6. A: 우리 언제 만나는 게 좋을까요?

   B: 저는 _____ 괜찮아요. 주말에는 일을 안 해서 시간이 많아요.

7. A: 피곤한데 음악 들을까?

   B: 그래. _____ 신나는 걸로 틀어.

8. A: 어느 식당으로 갈까요?

   B: 시간이 없으니까 이 근처에 있는 식당 중에서 _____ 가요.

9. A: 손님, 여기는 _____ 들어올 수 없습니다. 직원만 들어올 수 있어요.

   B: 아, 몰랐어요. 죄송합니다.

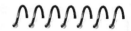

국수 noodle
국물 soup
디저트 dessert
나머지 the rest
과자 snack
과일 fruit
빵 bread
배달 delivery
직접 firsthand

더 나아가기 1

👂 **Listen to the conversation and choose True or False.**

1. 남자는 음악을 좋아합니다. (T / F)

2. 남자는 동아리에 가입했습니다. (T / F)

3. 여자는 기타 동아리를 추천했습니다. (T / F)

4. 남자는 기타를 칠 수 있습니다. (T / F)

5. 동아리에 가입하면 선배들이 기타를 가르쳐 줄 겁니다. (T / F)

💬 **Listen to the conversation and answer the questions.**

1. 다음 중 맞지 <u>않는</u> 것은 무엇입니까?

   ① 남자는 수업을 잘 이해하지 못한다.
   ② 여자는 혼자 공부하는 것을 더 좋아한다.
   ③ 남자는 여자의 이메일 주소를 안다.
   ④ 여자는 남자의 전화번호를 몰랐다.

2. 두 사람은 왜 만납니까?

   ① 발표 준비하려고   ② 여행 계획을 세우려고
   ③ 동아리 모임에 가려고   ④ 시험공부를 하려고

3. 토요일에 모두 몇 명이 모입니까?

   ① 2명   ② 3명   ③ 4명   ④ 5명

4. 여자가 말한 것을 써 보세요.

   1) "같이 공부할 그룹을 ＿＿＿＿＿＿＿＿＿＿＿＿."

   2) "토요일에 도서관 3층에서 ＿＿＿＿＿＿＿＿＿."

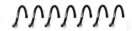

게시판 bulletin board
이상 more than
스트레스를 풀다 ㄹ
to relieve stress
동아리방 club room
기대되다 to look
forward
글쓴이 author, writer
이유 reason

R **Read the following text and answer the questions.**

> 나는 오늘 학교 게시판에서 동아리 광고를 봤다. 등산 동아리인데 산을 좋아하고 매달 1번 이상 등산을 할 수 있는 사람이면 ____ ㉠ ____ 가입할 수 있다. 나는 아직 동아리에 가입하지 않았다. 나는 등산을 별로 해 본 적이 없지만 등산을 하면 건강해지고 스트레스도 풀 수 있을 것 같다. 오늘 수업이 끝난 다음에 동아리방에 가서 가입하려고 한다. 동아리에서 좋은 선배와 친구를 많이 만나고 싶다. 첫 등산은 4월에 있는데 벌써 동아리 생활이 기대된다.

1. 다음 중 맞지 <u>않는</u> 것은 무엇입니까?

   ① 글쓴이는 등산을 많이 해 봤다.

   ② 등산을 해 본 적이 없는 사람도 이 동아리에 가입할 수 있다.

   ③ 글쓴이는 등산 동아리에 가입하려고 한다.

   ④ 등산은 4월부터 시작한다.

2. ㉠에 들어갈 단어는 무엇입니까?

   ① 언제나   ② 누구든지   ③ 어디나   ④ 무엇이든지

3. 글쓴이가 동아리에 가입하고 싶은 이유가 <u>아닌</u> 것은 무엇입니까?

   ① 건강해지려고   ② 좋은 선배를 만나려고

   ③ 동아리방에 가려고   ④ 스트레스를 풀려고

S **Translate the following sentences into Korean using plain speech style.**

1. The exam was easy.   → _____.

2. My parents live in Ottawa.   → _____.

3. What are you going to do today?   → _____?

4. I didn't do well on the test today.   → _____.

5. Let's go to the theatre to see a movie. → _____.

6. Mohammed is a second-year student.   → _____.

대화 2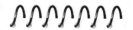

호수 lake
짝사랑 one-sided love
항상 always
시장 marketplace
뒤 after

단어 및 표현 2

A Choose the word that corresponds to each picture.

| 도착하다 | 미용실 | 심리학 | 술 | 결혼하다 | 수학 |

1. _____

2. _____

3. _____

4. _____

5. _____

6. _____

B Complete the sentences using the most appropriate expressions. Conjugate words in plain style if necessary.

| 기다려지다 | 사실은 | 한가하다 | 일부러 | 소풍 가다 | 손님 | 고백하다 |

1. 나는 가끔 친구들과 호수로 _____.

2. 제니퍼는 짝사랑하는 남자에게 사랑을 _____.

3. 한 달 뒤에 겨울 방학이다. 벌써부터 _____.

4. 그 식당은 음식이 맛있기 때문에 항상 _____이 많다.

5. 나는 물건을 싸게 사려고 조금 멀지만 _____ 시장에 간다.

6. 배가 불러서 더 못 먹겠어요. _____ 한 시간 전에 밥을 먹었거든요.

7. 3시가 지나서 식당에 갔다. 식당 안에는 손님이 별로 없어서 _____.

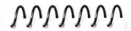

C **Choose the most appropriate words for the blanks.**

도전하다 to challenge
길다 ㄹ to be long
떠나다 to leave
끊다 to quit
답 answer
복잡하다 to be complicated
지저분하다 to be messy

1. A: 이번 말하기 대회에 _____ 도전하려고 해.
   B: 그래. 떨리겠지만 잘할 수 있을 거야.

   ① 고백을 해   ② 기다려
   ③ 용기를 내어   ④ 한가해서

2. A: 머리 잘랐어? _____.
   B: 응, 머리가 너무 길어서 잘랐어.

   ① 깔끔하네   ② 기다려지네   ③ 기네   ④ 가능하네

3. A: 한국에 6개월 동안 교환 학생_____ 가.
   B: 아, 그래? 언제 떠나?

   ① 에   ② 으러   ③ 으로   ④ 이랑

4. A: 오늘 수업 끝나고 같이 술 한 잔 할래?
   B: 아니, 나 _____ 술 안 마셔. 두 달 전에 끊었어.

   ① 몰래   ② 게다가   ③ 마침   ④ 더 이상

5. A: 아버지의 남동생을 한국어로 어떻게 말해요?
   B: _____이에요.

   ① 삼촌   ② 사촌   ③ 이모   ④ 할머니

6. A: 이 수학 문제가 어렵네. 답을 모르겠어.
   B: 이거 _____ 문제야. 생각보다 복잡하지 않아. 내가 가르쳐 줄게.

   ① 가능한   ② 간단한   ③ 깔끔한   ④ 지겨운

7. A: 음식을 _____ 먹는 게 건강에 좋아요.
   B: 맞아요. 저도 요즘 음식을 만들 때 소금을 조금만 넣어요.

   ① 짜게   ② 달게   ③ 싱겁게   ④ 매콤하게

8. A: 티브이 소리 좀 _____ 해 줄래요?
   B: 어머, 미안해요. 많이 시끄러웠어요?

   ① 느리게   ② 빠르게   ③ 작게   ④ 크게

9. A: 밥 먹기 전에 손을 _____ 씻어야 해.
   B: 네, 알겠어요.

   ① 조용하게   ② 예쁘게   ③ 깨끗하게   ④ 더럽게

D **Complete the table using -기로 했어요.**

Verbs	-기로 했어요	Verbs	-기로 했어요
결혼하다		듣다	
여행 가다		쓰다	
팔다		가입하다	
자르다		기다리다	
마시다		닫다	

E **Choose the most appropriate expressions for the blanks.**

1. A: 이번 방학에 뭐 할 거예요?

    B: 교환 학생으로 한국에 가서 _____ 했어요.

    ① 받기로   ② 사귀기로   ③ 공부하기로   ④ 듣기로

2. A: 내일 모임에는 어떤 음식을 준비할 거예요?

    B: 내일은 잡채하고 불고기를 _____ 했어요.

    ① 썰기로   ② 넣기로   ③ 담그기로   ④ 만들기로

3. A: 부산에 어떻게 갈 거예요?

    B: 길이 막힐 것 같아서 기차를 _____ 했어요.

    ① 도착하기로   ② 주차하기로   ③ 타기로   ④ 운전하기로

4. A: 새해인데 새해 계획 세웠어요?

    B: 올해에는 술을 안 마시고 배드민턴을 열심히 _____ 했어요.

    ① 켜기로   ② 치기로   ③ 연주하기로   ④ 놀기로

5. A: 내일 지영 씨 생일인데 선물 샀어요?

    B: 아직이요. 이따가 민수 씨랑 백화점에 가서 선물을 _____ 했어요.

    ① 불기로   ② 고르기로   ③ 주기로   ④ 팔기로

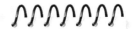

살이 찌다 to gain weight

어울리다 to suit, go well with

F Summarize each conversation using −기로 하다.

> 예
> 비비안: 오늘 저녁에 좀비 영화 보려고 하는데 같이 영화 볼래?
> 지 민: 오늘 약속이 없는데 잘됐다.
> → 지민은 비비안하고 저녁에 <u>영화를 보기로 했다.</u>

1. 수 연: 다음 주에 한국어 시험이 있는데 같이 공부하자.

   민 지: 좋아. 그럼, 토요일 5시에 만나자.

   → 수연이하고 민지는 토요일 5시에 _____.

2. 제 인: 컴퓨터 고장 났는데 아직 안 샀어?

   제니퍼: 새로 살 돈이 없어서 그냥 고쳐야 할 것 같아.

   → 제니퍼는 컴퓨터를 _____.

3. 진 영: 다음 주 토요일에 이사하는데 나 좀 도와줄래?

   토 니: 그럼, 내가 도와줄게.

   → 토니는 진영의 이사를 _____.

4. 점 원: 손님한테는 파란색 모자보다 검정색 모자가 더 잘 어울려요.

   저스틴: 그래요? 그럼, 검정색으로 할게요.

   → 저스틴은 검정색 모자를 _____.

5. 미 선: 나 요즘 매일 공원을 걸어. 건강해지고 스트레스도 풀리는 거 같아.

   민 지: 나도 내일부터 그래야겠다. 요즘 살이 쪄서 걱정이거든.

   → 민지는 내일부터 공원을 _____.

G Suppose that today is January 1. Write your New Year's resolution using -기로 하다.

오늘은 1월 1일이다. 그래서 새해 계획을 세웠다. _____

_____

_____

_____

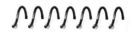

문법 5 (noun) 전에: Before, ago

Ⅰ Choose the most appropriate expressions for the blanks.

| 쇼핑 전에 | 식사 전에 | 한 달 전에 | 여행 전에 | 시험 전에 |

1. _____ 손을 씻어야 해요.
2. _____ 밤새 공부했어요.
3. _____ 사야할 물건을 메모해 놓았어요.
4. 그 식당은 _____ 예약해야 갈 수 있어요.
5. _____ 구경할 만한 데를 인터넷에서 찾아봤어요.

Ⅱ Change the following sentences using −기 전에 as in the example.

> 예 이를 닦고 세수를 해요. → 세수를 하기 전에 이를 닦아요.

1. 아침을 먹고 학교에 가요.

→ _____.

2. 아침에 운동하고 커피를 마셔요.

→ _____.

3. 숙제를 끝내고 나서 잠을 자요.

→ _____.

4. 영화를 보고 나서 저녁을 먹었어요.

→ _____.

5. 설거지를 하고 나서 티브이를 봤어요.

→ _____.

6. 동생하고 쇼핑을 하고 나서 영화를 볼 거예요.

→ _____.

7. 친구하고 점심을 먹고 나서 콘서트에 갈 거예요.

→ _____.

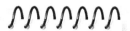

J Describe the actions as in the example.

헤드폰 headphone
팝콘 pop corn

예   점심을 <u>먹기 전에</u> 손을 <u>씻어요</u>.

1. _____.

2. _____.

3. 블로그에 글을 _____.

4. 음악을 _____.

5. _____.

K Complete the conversations using −기 전에.

1. A: 한국에 가기 전에 뭘 해야 해요?

   B: _____.

2. A: 아침에 학교 가기 전에 보통 뭐 해요?

   B: _____.

3. A: 음식을 만들기 전에 뭐 해요?

   B: _____.

4. A: 여기에 이사 오기 전에 어디에 살았어요?

   B: _____.

5. A: 주말에 친구를 만나기 전에 뭐 할 거예요?

   B: _____.

154 NEW GENERATION KOREAN 2 WORKBOOK

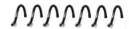

교통사고 traffic accident
길이 length
수선하다 to mend, alter

6 –게: Adverbial suffix

L Complete the table using –게.

Adjectives	–게	Adjectives	–게
크다		싱겁다	
예쁘다		짜다	
작다		재미있다	
싸다		깔끔하다	
느리다		궁금하다	
빠르다		간단하다	

M Fill in the blanks with the most appropriate words using –게.

얇다	어렵다	작다	크다	간단하다	느리다	달다

1. 옷을 너무 _____ 입고 나가서 추웠어요.
2. 지훈아, 좀 _____ 말해. 여기 도서관이야.
3. 음식을 너무 _____ 먹으면 건강에 좋지 않다.
4. 아침을 늦게 먹어서 점심은 _____ 먹고 싶어요.
5. 선생님이 이번 수학 시험 문제를 아주 _____ 내셨다.
6. 선생님, 좀 _____ 말해 주세요. 목소리가 잘 안 들려요.
7. 앞에 교통사고가 난 것 같아요. 차들이 너무 _____ 가요.

N Fill in the blanks with the most appropriate words using –게.

예쁘다 싸다 짧다 즐겁다	지난 주말에 청바지를 사러 옷가게에 갔다. 옷가게에서 마음에 드는 청바지를 찾았다. 가격도 쌌다. 20불이었다. 그런데 청바지가 좀 길었다. 점원이 말했다. "손님, 제가 길이를 _____ 수선해 드릴 수 있는데 해 드릴까요? 한 시간 뒤에 다시 오세요." (한 시간 뒤) "청바지 여기 있어요. 이제 손님한테 잘 맞을 거예요. _____ 입으세요." 예쁜 청바지를 아주 _____ 잘 산 것 같다. 오늘 하루를 _____ 보냈다.

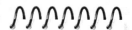

자꾸 repeatedly
싸우다 to fight
왕자 prince

Ⅰ **Fill in the blanks with the most appropriate words using −게.**

친하다	귀찮다	따뜻하다	늦다	아름답다	맛있다
편하다	바쁘다	행복하다	맵다	깨끗하다	

1. A: 꽃이 아주 _____ 피었네요.

   B: 네, 꽃이 아주 예쁘네요.

2. A: 손님, 주문하신 불고기 나왔습니다. _____ 드세요.

   B: 네, 감사합니다.

3. A: 왜 이렇게 _____ 왔니? 30분 기다렸어.

   B: 미안해. 차가 너무 막혔어.

4. A: 엄마, 동생이 자꾸 귀찮게 해요.

   B: 또 싸웠니? 동생하고 제발 좀 _____ 지내라.

5. A: 날씨가 추워요. 옷을 _____ 입고 나가세요.

   B: 네, 코트를 입어야겠네요.

6. A: 어떤 룸메이트를 찾고 있어요?

   B: 조용하고 방을 _____ 쓰는 룸메이트를 찾고 있어요.

7. A: 언니, 오늘 나랑 놀아 줄래?

   B: 나 오늘 너무 바빠. 나 좀 _____ 하지 말고 혼자 놀아.

8. A: 신데렐라는 왕자님하고 결혼했어요?

   B: 네, 왕자님과 신데렐라는 결혼해서 _____ 살았어요.

9. A: 손님, 어떤 스타일 옷을 찾으세요?

   B: 그냥 아무 때나 _____ 입을 수 있는 티셔츠를 찾는데요.

10. A: 오래간만이네요. 요즘 어떻게 지내요?

    B: 아주 _____ 지내고 있어요. 이번 학기에는 수업을 다섯 과목 듣거든요.

11. A: 손님, 뭐 드시겠어요?

    B: 떡볶이 먹을게요. 그런데 좀 안 _____ 해 주세요. 지난번에 좀 매웠거든요.

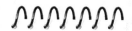

더 나아가기 2

P **Listen to the conversation and answer the questions.**

1. 다음 중 맞는 것은 무엇입니까?

   ① 여자는 다음 학기 수업을 모두 골랐다.

   ② 여자는 남자에게 심리학 수업을 추천했다.

   ③ 심리학 수업은 자리가 없어서 들을 수 없다.

   ④ 여자는 심리학 수업을 신청하고 나서 수업에 들어가려고 한다.

2. 다음의 빈칸에 들어갈 말을 써 보세요.

   > 남자는 다음 학기에 _____ 하고 심리학 수업을 듣기로 했다. 심리학 수업은 인기가 많아서 남자는 심리학 수업에 _____ 신청했다.

Q **Listen to the conversation and answer the questions.**

1. 다음 중 맞는 것은 무엇입니까?

   ① 남자는 대학교 생활이 재미있다.

   ② 여자는 남자한테 동아리를 추천하고 있다.

   ③ 남자는 벌써 동아리에 가입했다.

   ④ 동아리 가입은 동아리방에 가서 해야 한다.

2. 여자는 무슨 동아리에 가입하려고 합니까?

   ① 운동 동아리　　　② 영화 동아리　　　③ 한국어 동아리　　　④ 봉사 동아리

3. 여자가 가입한 동아리에서는 무엇을 합니까?

   _____.

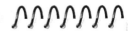

R **Read the following text and answer the questions.**

첫인상 first impression
신입생 new student
코스 course
등산화 hiking boots
앞으로 from now on

오늘은 등산 동아리 첫 모임이 있었다. 학교 근처 식당에서 모였는데 모두 ___㉠___ 명이 왔다. 선배들이 열다섯 명이 있었는데 선배들의 첫인상이 아주 좋았다. 신입생은 다섯 명이었다. 선배들이 신입생들을 환영해 주었다. 나와 같은 나이의 친구들도 만날 수 있어서 좋았다.

첫 등산은 다음 주 토요일이다. 처음으로 등산을 하는 사람들이 있기 때문에 이번에는 쉬운 코스로 가기로 했다. 나는 등산을 가기 전에 인터넷으로 등산화를 사려고 한다. 요즘 날씨가 춥기 때문에 옷을 ___㉡___ 입고 가야할 것 같다. 앞으로 동아리 선배들하고 친구들과 친하게 지내고 싶다.

1. 이 글의 제목으로 알맞은 것은 무엇입니까?

① 동아리 가입　　② 동아리 모임　　③ 등산 코스　　④ 등산화 사기

2. ㉠에 들어갈 말은 무엇입니까?

① 열　　　　② 열다섯　　　　③ 스무　　　　④ 스물다섯

3. 다음 중 맞지 <u>않는</u> 것은 무엇입니까?

① 오늘 동아리 모임이 있었다.　　② 선배님들이 친절했다.
③ 모두 등산을 해 본 적이 있다.　　④ 다음 주말에 첫 등산모임이 있다.

4. ㉡에 들어갈 말은 무엇입니까?

① 무겁게　　　② 가볍게　　　③ 짧게　　　④ 따뜻하게

S **Write about the club you joined or would like to join on campus using plain speech style (e.g., what kind of club it is, how many members there are, what you expect/learn from the club, etc.).**

동아리 이름: _____

_____

_____

_____

요가를 배울까 해요.

대화 1 💬

지하실 basement

단어 및 표현 1

A **Choose the word that corresponds to each picture.**

요가	주차장	하이힐	태권도	다이아몬드	재킷

1.

2.

3.

4.

5.

6.

B **Match each underlined expression with its meaning in English.**

1. 피아노 배우는 것을 <u>그만두었어요</u>. •   • to quit

2. 신발을 <u>벗고</u> 들어오세요. •   • to want

3. 이번에 컴퓨터를 <u>바꾸었어요</u>. •   • to take off

4. 어제 미용실에서 <u>머리를 했어요</u>. •   • to raise

5. 지하실이 있는 집을 <u>원해요</u>. •   • to change

6. 강아지 두 마리를 <u>키워요</u>. •   • to do one's hair

7. <u>생각한</u> 것을 말로 하세요. •   • to think

C Fill in the blanks with corresponding words.

한국어	영어	한국어	영어
	older sister for female		always
	older sister for male	달리기	
호수		요새	
	bus stop		to dislike
	to be narrow		last

D Choose the most appropriate words for the blanks.

1. A: 밖이 왜 이렇게 _____?

   B: 사고가 나서 구급차하고 경찰차가 많이 왔어요.

   ① 지저분해요　　② 조용해요　　③ 따뜻해요　　④ 시끄러워요

2. A: 침대하고 책상은 새로 샀어?

   B: 응. 근데 방이 _____ 작은 걸로 샀어.

   ① 커서　　② 좁아서　　③ 예뻐서　　④ 편해서

3. A: 제니퍼 씨, 혹시 _____ 음식 있어요?

   B: 네, 저는 돼지고기가 들어간 음식을 별로 안 좋아해요.

   ① 좋아하는　　② 배부른　　③ 싫어하는　　④ 먹고 싶은

4. A: 이 동네는 차가 좀 많이 _____ 것 같아요.

   B: 네, 그래서 산책할 때 좀 조심해야 해요.

   ① 가는　　② 다니는　　③ 고장 나는　　④ 세우는

5. A: _____ 어디 살았어요?

   B: 학교 근처에 살았어요.

   ① 예전에　　② 요즘　　③ 앞으로　　④ 오늘

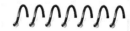
 1 **−어/아 보이다: It looks**

E **Complete the table using −어/아 보이다.**

Adjectives	−어/아 보이다	Adjectives	−어/아 보이다
좋다		행복하다	
힘들다		재미있다	
맛있다		크다	
비싸다		아프다	
쉽다		예쁘다	
어렵다		다르다	

F **Find the most appropriate words to complete the conversations.**

1. A: 미나 씨, 좀 _____. 괜찮아요?

   B: 어제 잠을 못 자서 그래요.

   · · 차가워 보여요

2. A: 철수 씨, 그 펜 되게 _____.

   B: 작년에 부모님께 선물 받은 거예요.

   · · 바빠 보여요

3. A: 물이 _____. 수영할 수 있겠어요?

   B: 추우면 금방 나올게요.

   · · 피곤해 보여요

4. A: 지민 씨, 요즘 많이 _____.

   B: 네, 요즘 일이 좀 많네요.

   · · 좋아 보여요

5. A: 스웨터가 좀 _____.

   B: 세탁기로 빨아서 옷이 줄었어요.

   · · 맛있어 보여요

6. A: 이 빵 정말 _____.

   B: 금방 구운 거예요. 하나 드셔 보세요.

   · · 친절해 보여요

7. A: 집주인이 _____.

   B: 네, 괜찮은 분이에요.

   · · 작아 보여요

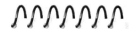

G **Fill in the blanks with the most appropriate words using –어/아 보여요.**

포근하다 to be cozy
들다 (ㄹ) to carry
풀다 (ㄹ) to solve
칼 knife
가위 scissors
비슷하다 to be similar
생선 fish

따뜻하다	싸다	어렵다	재미없다
위험하다	힘들다	무겁다	싱싱하다

1. A: 그 스웨터 되게 _____.
   B: 아주 포근해요.

2. A: 가방이 _____. 같이 들어줄까요?
   B: 고마워요. 조금만 도와주세요.

3. A: 이 산은 높아서 올라가기가 _____.
   B: 천천히 올라가면 괜찮을 거예요.

4. A: 저 영화는 _____. 다른 영화 봐요.
   B: 그럴까요?

5. A: 수학 문제가 좀 _____. 풀 수 있겠어요?
   B: 한번 풀어볼게요.

6. A: 칼이 좀 _____. 가위로 자르는 게 어때요?
   B: 네, 알았어요.

7. A: 이 모자는 다른 것과 값이 비슷한데 좀 _____.
   B: 그럼, 다른 거 사요.

8. A: 생선이 _____. 한 마리 사서 구워 먹을까요?
   B: 좋아요.

H **Describe the pictures using –어/아 보여요.**

1. _____.

2. _____.

3. _____.

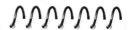

잠이 덜 깨다 to be half asleep/awake
살이 찌다 to gain weight
다이어트 diet
헤어지다 to break up
중독 addiction
둘러보다 to look around
이사하다 to move

문법 2 -(으)ㄹ까 하다: Tentative plan

Ⅰ Fill in the blanks with the most appropriate words.

그만두다	듣다	둘러보다	먹다	사다	가다

1. A: 수업 끝나고 뭐 할 거예요?

   B: 숙제하러 도서관에 _____.

2. A: 지난주부터 요가 배우고 있지요?

   B: 예, 근데 힘들어서 _____.

3. A: 이사 갈 집은 구했어요?

   B: 아직 못 구했어요. 이번 주말에 _____.

4. A: 집에서 학교까지 멀어요?

   B: 네, 너무 멀어요. 그래서 자전거를 _____.

5. A: 점심으로 뭐 먹을 거예요?

   B: 간단하게 라면이나 끓여 _____.

6. A: 다음 학기에 한국어 수업을 _____. 수업 어때요?

   B: 수업이 재미있고 선생님이 친절하세요.

Ⅱ Match the speaker's situation on the left with the possible plan on the right.

1. 배가 고파요.   •   • 백화점에 갈까 해요.

2. 잠이 덜 깼어요.   •   • 커피를 마실까 해요.

3. 요즘 살이 쪘어요.   •   • 뭘 좀 먹을까 해요.

4. 티브이가 자주 고장이 나요.   •   • 다이어트를 할까 해요.

5. 동생 생일 선물을 사야 해요.   •   • 헤어질까 해요.

6. 남자 친구가 게임 중독이에요.   •   • 새것으로 바꿀까 해요.

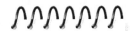

등록금 tuition

K Choose the most appropriate sentence to complete the conversation and translate the sentence into Korean using –(으)ㄹ까 해.

> ① I'm thinking of leaving around 6 PM.
> ② I'm thinking of doing my homework after dinner.
> ③ No, I'm thinking of calling the travel agency now.
> ④ No, I'm thinking of borrowing money from my father.
> ⑤ No, I'm thinking of going to the customer service tomorrow.

1. A: 휴대폰은 고쳤어?

   B: _____.

2. A: 비행기 표는 샀어?

   B: _____.

3. A: 등록금은 구했어?

   B: _____.

4. A: 숙제는 언제 할 거야?

   B: _____.

5. A: 공항에 언제 출발할 거야?

   B: _____.

L Answer the questions using –(으)ㄹ까 해요.

1. A: 스티브 집에 갈 때 뭐 사 갈 거예요?

   B: _____.

2. A: 오늘 저녁 메뉴는 뭐예요?

   B: _____.

3. A: 이번 주말에 뭐해요?

   B: _____.

4. A: 한국에는 언제쯤 가요?

   B: _____.

5. A: 다음에 무슨 휴대폰을 살 거예요?

   B: _____.

낫다 ⓢ to get better, recover

목마르다 to be thirsty

 3 **−었/았으면 좋겠다: I wish**

M **Complete the table using −었/았으면 좋겠다.**

Verbs	−었/았으면 좋겠다	Adjectives	−었/았으면 좋겠다
살다	살았으면 좋겠다	작다	
먹다		괜찮다	
일어나다		맛있다	
사다		따뜻하다	따뜻했으면 좋겠다
생기다		크다	
낫다		예쁘다	
모르다		차갑다	
끄다		쉽다	
굽다		아니다	

N **Match the situation on the left with the most appropriate wish on the right.**

1. 피곤해요.　·　　　·　좀 더 쉬웠으면 좋겠어요.

2. 배가 고파요.　·　　　·　빨리 나았으면 좋겠어요.

3. 목이 말라요.　·　　　·　집에 일찍 갔으면 좋겠어요.

4. 차가 고장 났어요.　·　　　·　새 차를 샀으면 좋겠어요.

5. 시험이 어려워요.　·　　　·　물을 좀 마셨으면 좋겠어요.

6. 허리가 많이 아파요.　·　　　·　뭘 좀 먹었으면 좋겠어요.

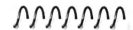

바퀴벌레 cockroach
지나가다 to go by
전쟁 war
길다 (ㄹ) to be long
고양이 cat
버리다 to throw away

Ⅰ Fill in the blanks with the most appropriate words using –었/았으면 좋겠어.

키우다	되다	지나가다	없어지다	자다	사귀다

1. A: 소원이 뭐야?

   B: 부자가ㅤㅤㅤㅤㅤㅤㅤㅤㅤㅤㅤㅤㅤㅤ.

2. A: 뭐가 제일 싫어?

   B: 바퀴벌레가ㅤㅤㅤㅤㅤㅤㅤㅤㅤㅤㅤㅤ.

3. A: 겨울이 너무 길지?

   B: 응, 겨울이 빨리ㅤㅤㅤㅤㅤㅤㅤㅤㅤㅤㅤ.

4. A: 많이 피곤해 보여.

   B: 응, 잠을 좀ㅤㅤㅤㅤㅤㅤㅤㅤㅤㅤㅤㅤㅤ.

5. A: 집에 고양이는 잘 있어?

   B: 응, 근데 강아지도 한 마리ㅤㅤㅤㅤㅤㅤㅤㅤ.

6. A: 한국에 가면 뭐 하고 싶어?

   B: 한국 친구를 많이ㅤㅤㅤㅤㅤㅤㅤㅤㅤㅤ.

Ⅱ Answer the questions using –었/았으면 좋겠어요.

1. A: 점심에 뭘 먹고 싶어요?

   B:ㅤㅤㅤㅤㅤㅤㅤㅤㅤㅤㅤㅤㅤㅤㅤㅤㅤ.

2. A: 시간이 너무 빨리 가지요?

   B:ㅤㅤㅤㅤㅤㅤㅤㅤㅤㅤㅤㅤㅤㅤㅤㅤㅤ.

3. A: 뭘 버리고 싶어요?

   B:ㅤㅤㅤㅤㅤㅤㅤㅤㅤㅤㅤㅤㅤㅤㅤㅤㅤ.

4. A: 만 달러가 생기면 뭐 하고 싶어요?

   B:ㅤㅤㅤㅤㅤㅤㅤㅤㅤㅤㅤㅤㅤㅤㅤㅤㅤ.

5. A: 다시 태어나면 뭐가 되고 싶어요?

   B:ㅤㅤㅤㅤㅤㅤㅤㅤㅤㅤㅤㅤㅤㅤㅤㅤㅤ.

6. A: 아침마다 차가 너무 많이 막히지요?

   B:ㅤㅤㅤㅤㅤㅤㅤㅤㅤㅤㅤㅤㅤㅤㅤㅤㅤ.

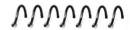

마음 mind
편안하다 to be comfortable
매트 mat
오토바이 motorcycle
목 neck

더 나아가기 1

🔊 **Listen to the conversation and answer the questions.**

1. 다음 중 맞는 것은 무엇입니까?

① 여자는 요가 선생님이다.

② 남자는 요가를 다시 배우려고 한다.

③ 여자는 요가를 하고 나서 마음이 편안해졌다.

④ 남자는 요가를 배우러 화요일에 간다.

2. 여자는 요가를 일주일에 몇 번 합니까?

① 한 번　　　　② 두 번　　　　③ 세 번　　　　④ 네 번

3. 요가할 때 남자가 가지고 가야 할 것은 무엇입니까?

① 음료수　　　　② 편한 옷　　　　③ 운동화　　　　④ 요가 매트

4. Fill in the blank using –(으)ㄹ까 해.

남자: 나도 요가를 _____ .

Listen to the conversation and answer the questions.

1. Choose True or False.

(1) 남자와 동생은 병원에 입원했다.　　　　　(T / F)

(2) 남자의 동생은 오토바이 사고가 났다.　　　(T / F)

(3) 남자의 동생은 허리와 다리를 많이 다쳤다.　(T / F)

(4) 여자는 학교 끝나고 병원에 가 보려고 한다.　(T / F)

2. Fill in the blanks using –(으)ㄹ까 해 and –었/았으면 좋겠다.

남자: 오늘도 학교 끝나고 병원에 _____ .

여자: 동생이 얼른 _____ .

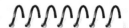

§ Read the following text and answer the questions.

이중섭, 〈황소〉,
1954년(서울미술관 소장)

이 그림은 유명한 화가인 이중섭이 그린 그림입니다. 이중섭은 제가 제일 좋아하는 화가입니다. 그림의 제목은 〈황소〉입니다. ㉠이 소는 힘이 세 보이기도 하고 화가 나 보이기도 합니다.

㉡저도 그림을 잘 그렸으면 좋겠습니다. 그래서 다음 주부터 그림을 배워볼까 합니다. 집 근처에 그림을 배울 수 있는 곳이 없어서 과외를 받으려고 합니다.

나중에 그림을 잘 그려서 전시도 하고, 친구들에게 선물도 하고 싶습니다. 그리고 블로그에 올려서 자랑도 하고 싶습니다. 제 꿈이 이루어졌으면 좋겠습니다.

1. 글쓴이에 대해 맞지 <u>않는</u> 것은 무엇입니까?

   ① 이중섭을 제일 좋아한다.   ② 그림을 잘 그리고 싶어 한다.

   ③ 다음 달부터 그림을 배우려고 한다.   ④ 그림 과외를 받으려고 한다.

2. 다음 중 맞지 <u>않는</u> 것은 무엇입니까?

   ① 이중섭은 유명한 화가이다.   ② 황소를 그린 사람은 이중섭이다.

   ③ 황소 그림은 1954년에 그렸다.   ④ 글쓴이는 황소 그림을 블로그에 올렸다.

3. 글쓴이의 꿈이 <u>아닌</u> 것은 무엇입니까?

   ① 그림을 전시하는 것   ② 그림을 파는 것

   ③ 친구들에게 선물하는 것   ④ 블로그에 올려서 자랑하는 것

4. Describe your impression of the bull as in ㉠, using –어/아 보여요.

   _____.

5. Write about your wish and plan, using –었/았으면 좋겠습니다 and –(으)ㄹ까 합니다 as in ㉡.

   _____

   _____

단어 및 표현 2

A Choose the word that corresponds to each picture.

그릇　거울　캠핑　쓰레기통　고양이　편의점　상담원　렌터카　지갑

1. _____

2. _____

3. _____

4. _____

5. _____

6. _____

7. _____

8. _____

9. _____

B Complete the sentences with the most appropriate expressions.

들다　　방문하다　　정하다　　버리다

1. 메뉴는 _____?

2. 오후 5시 반까지 _____ 주세요.

3. 쓰레기를 아무 데나 _____ 마세요.

4. 해외여행을 가면 돈이 많이 _____.

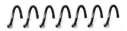

축제 festival
비용 expense
등록금 tuition
영수증 receipt
교통비 transportation costs

C **Choose the most appropriate words for the blanks.**

1. A: 학교 축제 _____이/가 언제예요?

   B: 다음 주 수요일부터 금요일까지예요.

   ① 장소　　　　　② 기간

   ③ 시간　　　　　④ 비용

2. A: _____은/는 얼마나 들어요?

   B: 한 달에 2000불 정도 들어요.

   ① 생활비　　　　② 용돈　　　　③ 등록금　　　　④ 시간

3. A: _____ 출퇴근 시간이 어떻게 돼요?

   B: 보통 9시에 출근해서 6시에 퇴근해요.

   ① 아침　　　　② 저녁　　　　③ 집　　　　④ 회사

4. 손님: 이 옷 좀 _____ 수 있을까요?

   점원: 영수증 가져오셨어요?

   ① 살　　　　② 팔　　　　③ 교환할　　　　④ 입어 볼

D **Match the words from the left with the corresponding ones on the right.**

1. 교통비가 많이　·　　　　　　　·　떨어요.

2. 박수를　·　　　　　　　·　해요.

3. 시간을　·　　　　　　　·　들어요.

4. 쓰레기를　·　　　　　　　·　버려요.

5. 수다를　·　　　　　　　·　착각했어요.

6. 화장을　·　　　　　　　·　쳐요.

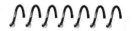

졸리다 to be sleepy
월급 salary
갚다 to pay back
마르다 ⓔ to get dry
장학금 scholarship

E Complete the table using -잖아요.

Verbs/Adjectives	Tense	
	Present	Past
가다	가잖아요	갔잖아요
먹다		
좋아하다		
쓰다		
모르다		
눕다		
비싸다		
예쁘다		
쉽다		

F Find the most appropriate words to complete the conversations.

1. A: 공기가 깨끗해졌네요.

   B: 어제 비가 ＿＿＿＿＿＿＿.   · 먹었잖아요

2. A: 차 고쳤어요? ＿＿＿＿＿＿.

   B: 오늘 오후에 서비스 센터에 가려고요.   · 맛있잖아요

3. A: 저녁 먹으러 어디로 갈까요?

   B: 학교 앞 햄버거 집 어때요? 그 집 ＿＿＿＿.   · 춥잖아요

4. A: 밖에 안 나가고 왜 집에만 있어요?

   B: 날씨가 ＿＿＿＿＿＿＿.   · 왔잖아요

5. A: 오늘 저녁에 삼겹살 구워 먹을까요?

   B: 그저께도 삼겹살을 ＿＿＿＿＿＿.   · 고장났잖아요

G Fill in the blanks with the most appropriate words using −었/았잖아요.

| 받다 | 살다 | 바쁘다 | 일어나다 | 아프다 |

1. A: 생일 파티에 못 가서 미안해요.

   B: 괜찮아요. 회사 일 때문에 _____.

2. A: 마리아 씨는 한국어를 참 잘하네요.

   B: 교환학생으로 한국에 가서 1년 _____.

3. A: 안 졸려요? 아침에 일찍 _____.

   B: 좀 졸려요. 커피 좀 마셔야겠어요.

4. A: 동생은 요즘 좀 어때요? 얼마 전까지 _____.

   B: 많이 좋아졌어요. 걱정해 줘서 고마워요.

5. A: 벌써 돈을 다 썼어요? 얼마 전에 월급을 _____.

   B: 은행에서 빌린 돈을 갚아야 했어요.

H Choose the correct form for each sentence.

1. A: 왜 지각을 했어?

   B: 아침에 늦게 (일어났잖아 / 일어났거든).

2. A: 빨래가 잘 안 말라.

   B: 비가 오랫동안 (왔잖아 / 왔거든).

3. A: 오늘 되게 늦게 자네.

   B: 내일 (일요일이잖아 / 일요일이거든).

4. A: 같이 점심 먹으러 갈까?

   B: 미안해. 오늘은 안 돼. 점심 약속이 (있잖아 / 있거든).

5. A: 우리 내일 뭐 하기로 했어?

   B: 마트에 장보러 가기로 (했잖아/ 했거든).

6. A: 이번 학기에는 왜 아르바이트를 안 해?

   B: 사실은 장학금을 받아서 일을 안 해도 (되잖아 / 되거든).

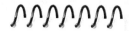

천만 ten million
배터리 battery
두 배 twice
막차 last train/bus
남다 to be left
인구 population
이틀 2 days
브라질 Brazil

문법 5 −(이)나 vs. −밖에: Markers for unexpected amounts

Match the situation on the left with the most appropriate wish on the right.

1. 오늘 기온이 _____ 돼요.　　　　•　　•　10%밖에

2. 집 가격이 _____ 올랐어요.　　　•　　•　33도나

3. 어제 눈이 _____ 왔어요.　　　　•　　•　50cm나

4. 배터리가 _____ 안 남았어요.　　•　　•　두 배나

5. 차를 고치는 데 _____ 걸려요.　•　　•　1시간밖에

6. 막차 시간이 _____ 안 남았어요.　•　•　일주일이나

7. 저는 동생이 _____ 없어요.　　　•　　•　천만 명이나

8. 서울 인구는 _____ 돼요.　　　　•　　•　한 명밖에

Choose the most appropriate words to complete each conversation. Add −(이)나 or 밖에 to the word.

| 두 명 | 이틀 | 10분 | 열 명 | 10불 | 500불 |

1. A: 식당에 손님이 많았어?

   B: 아니, 손님이 _____ 없었어.

2. A: 20불만 빌려줄 수 있어요?

   B: 미안해요. 저도 지갑에 _____ 없어요.

3. A: 우리 식구는 _____ 돼요.

   B: 우와, 식구가 그렇게 많아요?

4. A: 차 고치는 데 _____ 들었어.

   B: 생각보다 많이 들었네.

5. A: 회의 시간이 _____ 안 남았어요.

   B: 네, 준비 다 됐어요.

6. A: 한국에서 브라질에 가려면 _____ 걸려요.

   B: 정말요? 그렇게 오래 걸려요?

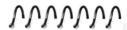

K **Complete the conversations using −(이)나.**

쌍둥이 twins
낳다 to give birth to
아이디 ID

1. A: 제롬은 아이가 몇 명이에요?

   B: 얼마 전에 쌍둥이를 낳아서 _____.

2. A: 이번 학기 등록금이 얼마예요?

   B: 지난 학기보다 조금 올라서 _____.

3. A: 토론토는 겨울에 얼마나 추워요?

   B: 많이 추운 날은 _____.

4. A: 밴쿠버에서 토론토까지 얼마나 걸려요?

   B: 비행기로 _____.

L **Choose the most appropriate sentence to complete the conversation and translate the sentence into Korean using −(으)ㄹ까 해.**

ㄱ No, I slept only four hours.
ㄴ No, it costs only $500.
ㄷ No, there are only six tables.
ㄹ No, it's only a ten-minute drive.
ㅁ No, I have only one Korean friend.

1. A: 잠은 많이 잤어요?

   B: _____.

2. A: 마트가 여기서 멀어요?

   B: _____.

3. A: 새로 생긴 식당은 커요?

   B: _____.

4. A: 한국 친구가 많아요?

   B: _____.

5. A: 지난달에 생활비가 많이 들었어요?

   B: _____.

M Complete the table using –(으)면서.

Verbs	–(으)면서	Verbs	–(으)면서
사다	사면서	씻다	씻으면서
마시다		먹다	
쓰다		신다	
전화하다		입다	
놀다		앉다	
졸다		걷다	
굽다		듣다	

N Complete the sentences using –(으)면서.

1.

A: 지난 주말에 뭐 했어요?

B: _____ .

2.

A: 누나는 아침에 주로 뭐 해요?

B: _____ .

3.

A: 밥 먹고 공원에 갈까요?

B: 네, 좋아요. _____ .

4.

A: 스트레스를 어떻게 풀어요?

B: _____ .

5.

A: 여동생은 지금 뭐 하고 있어요?

B: _____ .

Translate the sentences into Korean using −(으)면서.

> 예 Brian chats online with friends while playing games.
> → 브라이언은 게임을 하면서 친구들하고 채팅을 합니다.

1. My girlfriend exercises while listening to music.

→ _____.

2. Making a phone call while driving is dangerous.

→ _____.

3. Jennifer sometimes cries while watching sad movies.

→ _____.

4. My dad doesn't look in the mirror while shaving.

→ _____.

5. My sister sings a song while playing the piano.

→ _____.

6. My younger brother watches YouTube while eating.

→ _____.

Complete the conversations using −(으)면서.

1. A: 식사하면서 주로 뭐 하세요?

   B: _____.

2. A: 운전하면서 주로 뭐 하세요?

   B: _____.

3. A: 혼자 밥 먹으면서 주로 뭐 하세요?

   B: _____.

4. A: 수업을 들으면서 주로 뭐 하세요?

   B: _____.

5. A: 비행기 타고 가면서 주로 뭐 하세요?

   B: _____.

6. A: 지하철이나 버스를 기다리면서 주로 뭐 하세요?

   B: _____.

더 나아가기 2

Listen to the conversation and answer the questions.

1. 다음 중 남자에 대해 맞지 <u>않는</u> 것은 무엇입니까?

   ① 오늘 처음 요가 수업을 들었다.

   ② 요가 수업이 힘들었다.

   ③ 요가 수업을 혼자 듣는다.

   ④ 일주일에 두 번 요가 수업을 들을 것이다.

2. 다음 중 요가 수업에 대해 맞지 <u>않는</u> 것은 무엇입니까?

   ① 요가를 처음 배울 때는 누구나 힘들다.

   ② 요가 수업에는 남자가 1명밖에 없다.

   ③ 요가 선생님이 친절하다.

   ④ 요가 수업은 일주일에 두 번밖에 없다.

3. 오늘은 무슨 요일입니까?

   ① 월요일   ② 화요일   ③ 수요일   ④ 목요일

Answer the following questions using −(이)나 or −밖에.

1. A: 수업을 몇 과목 들어요?

   B: _____.

2. A: 해외여행을 몇 번 가 봤어요?

   B: _____.

3. A: 지금 지갑에 돈이 얼마 있어요?

   B: _____.

4. A: 필통 안에 펜이 몇 개 있어요?

   B: _____.

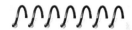

Read the following text and answer the questions.

> 제 ___㉠___ 은/는 낚시입니다. 한 달에 한 번 정도 주말에 가족이나 친구들과 강이나 바다에 가서 물고기를 잡고, 잡은 물고기를 구워 먹으면 스트레스가 풀립니다.
>
> 저는 어렸을 때는 낚시를 좋아하지 않았습니다. 가만히 앉아서 몇 시간 ___㉡___ 물고기를 기다리는 것이 지루했기 때문입니다. 그러나 작년에 힘든 일이 있었을 때 친구와 낚시를 하고 나서 마음이 편안해졌습니다. 그때부터 낚시를 좋아하게 되었습니다. 낚시를 하면서 다른 사람과 이야기를 나누면 더 친해지기도 하고 즐거운 추억을 만들 수도 있습니다.
>
> 이번 주말에는 가족들과 낚시를 갑니다. 가족들과 함께 이야기도 하고 낚시도 하면서 즐거운 시간을 보냈으면 좋겠습니다.

1. What is the topic of the text?

   ① 캠핑　　　　② 낚시　　　　③ 스트레스　　　　④ 물고기

2. 다음 중 맞는 것은 무엇입니까?

   ① 글쓴이는 한 달에 두 번 정도 낚시를 간다.
   ② 글쓴이는 어렸을 때는 낚시를 좋아하지 않았다.
   ③ 글쓴이는 작년에 가족과 낚시를 한 후에 낚시를 좋아하게 되었다.
   ④ 글쓴이는 다음 주말에 가족들과 낚시를 간다.

3. ㉠에 들어갈 말은 무엇입니까?

   ① 취미　　　　② 직업　　　　③ 일　　　　④ 전공

4. ㉡에 들어갈 말은 무엇입니까?

   ① 쯤　　　　② 까지　　　　③ 밖에　　　　④ 이나

Write three instances when you should not use your cell phone using −(으)면서.

> 예　친구와 이야기하면서 휴대폰을 쓰면 안 돼요.

1. _____ .

2. _____ .

3. _____ .

Listening
Script

9과 편한 운동화가 필요해요.

[더 나아가기1] V.

남자: 뭐 찾으세요?
여자: 빨간색 장갑을 사려고 해요.
남자: 죄송하지만, 빨간색 장갑은 없어요.
여자: 아, 그래요?
남자: 까만색 장갑은 어때요?
여자: 괜찮아요. 다음에 다시 올게요.

[더 나아가기1] W.

여자: 운동 좋아하세요?
남자: 네, 저는 수영을 좋아해요.
여자: 수영이요?
남자: 네. 재미있고 건강에도 좋아요.
여자: 그래요? 저도 한번 해 보고 싶어요.
남자: 그럼, 수영장에 같이 가요.
여자: 그런데 저는 수영을 못 해요.
남자: 화요일에 수영 수업이 있어요. 한번 배워 보세요.
여자: 네, 다음 주에 가 보고 싶네요.

[더 나아가기1] X.

저는 오늘 여행 가방을 사러 시장에 갔어요. 시장에는 가방 가게가 많았어요. 저는 제일 큰 가게에 들어갔어요. 거기서 예쁜 가방을 하나 골랐어요.
민호: 이 가방은 얼마예요?
점원: 10만 원이에요. 아주 가볍고 튼튼한 가방이에요.
민호: 가방이 마음에 들어요. 그런데 좀 비싸네요.
점원: 그럼, 9만 원 어때요?
민호: 좋아요. 이 가방 주세요.

[더 나아가기2] Q.

아이를 찾습니다. 5살 남자 아이인데, 티셔츠하고 청바지를 입었습니다. 빨간 신발을 신고 있고, 모자도 쓰고 있습니다. 이 남자 아이를 찾으신 분은 1층 안내 데스크로 와 주세요. 고맙습니다.

[더 나아가기2] R.

마리아: 토니 씨, 지난 주말에 뭐 했어요?

토 니: 친구하고 같이 백화점에서 쇼핑했어요.
마리아: 어머, 정말요? 저도 갔는데 토니 씨를 못 봤네요. 뭐 샀어요?
토 니: 저는 회색 스웨터를 하나 샀어요. 마리아 씨는요?
마리아: 저는 이 까만 모자를 샀어요.
토 니: 멋있네요! 제가 한번 써 봐도 돼요?

[더 나아가기2] S.

제 생일에 동생이 이 하얀색 구두를 사 줬어요. 이 구두는 예쁘고 편해요. 저는 치마를 자주 입는데 그때 이 구두를 신어요.

10과 제주도에 가 봤어요.

[더 나아가기1] P.

오늘은 이사를 했어요. 학교에서 가까운 집을 찾았어요. 깨끗하고 조용한 집이에요. 친구가 도와줘서 빨리 끝났어요. 이사가 끝나고 나서 근처 식당에 가 봤어요. 스파게티를 먹었는데 맛있었어요.

[더 나아가기1] R.

다니엘: 비비안 씨, 시험 다 끝났어요?
비비안: 네. 저는 오늘부터 방학이에요. 다음 주에 중국에 가요.
다니엘: 좋겠어요. 저는 아직 시험이 2개 더 있어요. 그래서 요즘 잠을 많이 못 자요.
비비안: 많이 피곤하겠어요. 그래도 열심히 하세요!
다니엘: 네. 고마워요.
비비안: 다니엘 씨는 시험 끝나고 나서 뭐 할 거예요?
다니엘: 여행을 가고 싶은데 돈이 없어요. 그래서 아르바이트를 찾고 있어요.

[더 나아가기1] S.

현우는 부산에 살아요. 집 근처에는 시장이 있어요. 시장에는 싸고 맛있는 음식이 많아요. 그래서 현우는 자주 시장에서 저녁을 먹어요. 한나는 어제 처음 시장에 가 봤어요. 현우하고 같이 시장에서 저녁을 먹었어요. 저녁을 먹고 나서 버블티도 마셨어요.
한나는 시장이 아주 마음에 들었어요. 그래서 다음
주에도 현우하고 같이 시장에 갈 거예요.

[더 나아가기2] N.
엠마는 캐나다에서 대학교에 다닐 때 음악을 공부
했어요. 학교를 졸업하고 나서 미국에 왔어요. 미국에
있는 학교에서 학생들한테 음악을 가르치고 있어요.

[더 나아가기2] O.
저는 민호예요. 우리 아파트에는 네 명이 살아요.
저스틴 씨는 대학교 1학년이고, 컴퓨터를 전공해요.
준호 씨는 대학교 3학년인데 영화를 공부해요. 유진
씨는 대학에 다닐 때 동아시아학을 전공했어요.
학교를 졸업하고 나서 지금은 회사에서 일해요. 저는
가수가 되고 싶어서 오디션을 준비하고 있어요.

[더 나아가기2] P.
지난 주에 어머니가 좋아하는 가수의 콘서트가
있었어요. 저는 잘 모르는 가수이지만 어머니는
옛날부터 그 콘서트에 가고 싶어 하셨어요. 어머니는
콘서트 표를 사고 나서 아주 기뻐하셨어요. 저는
콘서트에서 아는 노래가 없었어요. 그런데 어머니는
노래를 따라 부르셨어요. 콘서트가 끝나고 나서
어머니는 기분이 아주 좋으셨어요. 그래서 저도 같이
기분이 좋았어요. 즐거운 하루를 보냈어요.

11과 날씨가 따뜻해졌습니다.

[더 나아가기1] Q.
세계 여러 나라 날씨 소식을 전해드리겠습니다. 내일
서울은 바람은 조금 불지만 따뜻하겠습니다. 토론토는
눈이 조금 오겠습니다. 눈은 오후까지 내리겠습니다.
베를린은 비가 오고 좀 춥겠습니다. 시드니는 하루
종일 덥겠습니다. 지금까지 날씨 소식이었습니다.

[더 나아가기1] R.
남자: 여보세요, 마리아 씨, 집에서 나왔어요?
여자: 아니요. 아직 안 나갔는데 무슨 일 있어요?
남자: 여기 비가 와요. 거기는 어때요?
여자: 여기는 비는 안 오고 흐려요. 우산은 있어요?

남자: 아니요. 안 가져왔어요.
여자: 그럼, 내가 하나 더 가져갈게요.
남자: 네, 고마워요. 그럼 조금 이따 세 시 반에 봐요.
여자: 그래요.

[더 나아가기2] N.
선생님(여): 다니엘, 오늘 왜 교과서 안 가져왔어요?
다니엘(남): 집에 놓고 안 가져왔어요.
선생님(여): 오늘 수업 시간에 교과서가 필요한데
　　　　　　어떻게 할 거예요?
다니엘(남): 오늘은 친구하고 같이 볼게요.
선생님(여): 그래요. 다음 시간에는 꼭 가져오세요.
다니엘(남): 알겠습니다.

12과 가족들이 모여서 송편을 만들어요.

[더 나아가기1] S.
지난 월요일은 설날이었어요. 아침 일찍 일어나서
한복을 입고 차례를 지냈어요. 차례를 지낸 다음에
다 함께 차례 음식을 먹었어요. 아침을 먹은 다음에
가족들이랑 윷놀이를 했어요. 이번 설날은 가족들과
함께 보낼 수 있어서 정말 즐거웠어요.

[더 나아가기1] T.
여자: 민호 씨, 크리스마스 휴가 잘 보냈어요?
남자: 네, 저는 가족들과 함께 보냈어요.
여자: 가족들하고 뭐 했어요?
남자: 크리스마스트리를 만든 다음에 선물도 주고
　　　받았어요. 마리아는요?
여자: 저는 이번 크리스마스 휴가에는 일 때문에 바빠서
　　　필리핀에 못 갔어요.
남자: 그래요? 가족들이 많이 보고 싶겠어요.
여자: 네. 다음 휴가 때 필리핀에 가면 가족들과 시간을
　　　많이 보낼 거예요.

[더 나아가기2] S.
한국에서는 설날에 떡국을 먹습니다. 떡국을 먹으면
나이를 한 살 더 먹습니다. 떡국은 하얀 떡을 넣어서
끓인 국인데 맵지 않기 때문에 아이들도 잘 먹습니다.
떡국과 함께 갈비찜하고 잡채를 먹기도 합니다.
설날에는 맛있는 음식을 많이 먹을 수 있습니다.

남자: 이제 곧 크리스마스네요. 이번 크리스마스 때는 뭐 할 거예요?

여자: 집에 돌아가서 가족과 함께 보낼 거예요. 민호 씨는요?

남자: 저도 집에 갈 거예요. 그런데 가족들 선물은 다 준비했어요?

여자: 부모님 거는 준비했는데, 오빠 선물은 고르기가 쉽지 않네요. 뭐가 좋을까요?

남자: 시계는 어때요?

여자: 그거 좋겠네요. 요즘 어떤 스타일이 유행이에요?

남자: 저도 잘 몰라요. 같이 가서 고를까요?

여자: 좋아요. 그럼 내일 같이 백화점에 가요.

13과 생일 파티 하는 게 어때?

[더 나아가기1] R.

남자: 제니퍼, 주말에 뭐 했어?

여자: 토요일이 조카 돌이라서 돌잔치에 갔어.

남자: 돌이 뭐야?

여자: 돌은 첫 번째 생일이야. 그리고 돌잔치는 첫 번째 생일에 하는 파티야. 한국에서는 돌잔치를 크게 해.

남자: 그럼 손님도 많이 오고, 맛있는 음식도 많이 먹었겠네.

여자: 응, 그리고 돌잡이도 했어.

남자: 돌잡이?

여자: 부모님이 여러 가지 물건을 아기에게 보여 줘. 그럼 아기가 그중에서 하나를 고르는 게 돌잡이야. 물건마다 다른 뜻이 있어.

남자: 그래? 조카는 뭘 골랐어?

여자: 우리 조카는 마이크를 골랐어.

남자: 그래? 마이크는 무슨 뜻이야?

여자: 마이크는 유명한 사람을 뜻해.

남자: 아, 그래? 유명한 사람들이 마이크를 많이 쓰니까 그렇구나. 돌잡이 재미있네.

[더 나아가기2] T.

남자: 한국에서 지내는 동안에 여행을 좀 하고 싶은데요, 괜찮은 곳을 좀 추천해 주세요.

여자: 그동안 어디어디 가 봤어요?

남자: 제주도는 가 본 적이 있는데 다른 곳은 아직 못 가 봤어요.

여자: 그럼 부산에 가 보는 게 어때요?

남자: 부산이요? 부산은 뭐가 좋아요?

여자: 맛있는 음식도 많고, 바다 경치도 참 멋있어요. 국제 영화제가 열리는 동안 가면 유명한 영화 배우도 볼 수 있어요.

남자: 그래요? 그럼 영화제가 열릴 때 부산에 꼭 가 봐야겠네요.

[더 나아가기2] U.

한국에서는 식사할 때 나이가 많은 사람보다 먼저 먹으면 안 돼요. 그리고 식사하는 동안 그릇을 손에 들고 먹으면 안 돼요. 음식을 손으로 먹는 것도 안 돼요. 그리고 음식을 먹을 때 소리를 크게 내면 안 돼요. 식사 시간에 코를 푸는 것도 예의가 아니에요.

14과 감자탕 먹어 볼래요.

[더 나아가기1] P.

여자: 다니엘, 뭐 먹을래?

남자: 글쎄, 보통 이 식당에서 된장찌개를 먹는데, 오늘은 날씨가 더우니까 시원한 게 먹고 싶네.

여자: 음, 그럼 냉면 어때? 먹어 본 적 있어?

남자: 먹어 본 적 없어, 먹을 만해?

여자: 응, 국수에 차가운 국물을 넣어서 만든 음식인데 맛있어. 한국 사람들은 날씨가 더울 때 냉면을 자주 먹거든.

남자: 그럼, 오늘은 냉면 먹어 볼래.

[더 나아가기1] Q.

여자: 저스틴 씨, 이번 크리스마스에 뭐 할 거예요?

남자: 아직 계획이 없어요. 미영 씨는요?

여자: 저는 어제 룸메이트랑 얘기했는데 친구들을 초대하려고 해요. 저스틴 씨도 우리 집에 와서 같이 놀래요?

남자: 진짜요? 그럼 좋지요. 이번에는 음식을 시켜 먹을까요? 요즘은 배달 음식도 먹을 만해요.

여자: 좋아요. 그럼 이번에는 음료수하고 디저트만 준비하고 나머지는 시켜 먹는 게 좋겠네요.

남자: 제가 케이크 사 갈게요. 우리 동네 빵집 케이크가

맛있거든요.

여자: 좋아요. 그럼, 저는 음료수하고 과자하고 과일을 준비할게요.

[더 나아가기2] R.

내일은 친구 생일이에요. 그래서 저는 아침에 친구에게 줄 쿠키를 구웠어요. 재료는 어제 미리 준비해 놨어요. 쿠키를 만들어 본 적이 없어서 유튜브를 보고 만들었어요. 별로 어렵지 않았어요. 그런데 설탕을 좀 많이 넣었어요. 그래도 먹을 만했어요.

[더 나아가기2] S.

여자: 셰프님, 오늘의 요리와 요리법을 좀 소개해 주세요.

남자: 네, 오늘 요리는 비빔국수입니다. 만드는 방법이 아주 간단합니다. 먼저 양념장을 미리 만들어 놓으세요. 양념장은 고추장, 간장, 설탕을 섞어서 만듭니다. 김치도 썰어 놓으세요. 그리고 끓는 물에 국수를 넣고 4분 동안 익히세요. 국수가 익으면 차가운 물에 헹구세요. 마지막으로 큰 그릇에 양념장, 김치, 국수를 넣고 비비세요.

15과 동아리 모임에 같이 가자.

[더 나아가기1] P.

여자: 저스틴, 동아리 가입했니?

남자: 아니, 아직 못 했어. 동아리가 너무 많아서 고르기가 힘드네.

여자: 취미가 뭐야? 뭐 좋아하는 거 없니?

남자: 음악을 많이 듣는 편이야.

여자: 그럼, 기타 동아리는 어때? 우리 학교 학생이면 누구든지 가입할 수 있어. 기타도 배울 수 있고.

남자: 나는 기타를 칠 줄 모르는데 괜찮을까?

여자: 응, 괜찮아. 선배들이 다 가르쳐 줄 거야.

[더 나아가기1] Q.

남자: 선배님, 2주 뒤에 시험 있는데 우리 같이 공부 할까요? 수업이 이해가 잘 안 돼요.

여자: 그래? 잘됐다. 나도 혼자 공부하는 것보다 같이 공부하는 걸 더 좋아하는 편이거든. 그럼, 같이

공부할 스터디 그룹을 만들어 보자.

남자: 네, 좋아요. 제가 같이 공부할 친구들을 두 명 더 데리고 갈게요.

여자: 그래. 근데 내 전화번호 아니?

남자: 음, 이메일 주소만 있네요. 전화번호가 뭐예요?

여자: 467-355-0208이야. 네 전화번호는 뭐니?

남자: 제가 지금 전화할게요.

여자: 지금 전화 온다. 그럼, 이번 주 토요일에 도서관 3층에서 만나자.

남자: 네, 그럼 도서관에서 만나요.

[더 나아가기2] P.

남자: 서연아, 지금 뭐 하고 있어?

여자: 다음 학기에 들을 수업 보고 있어. 너는 다음 학기에 무슨 수업 들어?

남자: 나는 수학하고 심리학 수업을 듣기로 했어.

여자: 그래? 그럼 나도 심리학 한번 들어 볼까?

남자: 그런데 그 수업이 인기가 많아서 빨리 신청해야 될 거야. 나도 어젯밤에 어렵게 신청했거든.

여자: 그래? 지금도 자리가 있을까? 2시에 수업이 있는데 수업 들어가기 전에 알아봐야겠다.

남자: 얼른 알아봐. 그럼, 나중에 보자.

[더 나아가기2] Q.

여자: 토니, 오랜만이야. 요즘 어떻게 지내?

남자: 그냥 수업 듣고 숙제하고 지내는데 대학교 생활이 별로 재미없네.

여자: 그럼, 동아리에 가입해 보는 게 어때? 나는 한국어 동아리에 가입하기로 했어.

남자: 한국어 동아리?

여자: 응, 드라마하고 영화를 보면서 한국어를 공부 하는 동아리인데 재미있게 공부할 수 있을 것 같아.

남자: 그래? 그럼 나도 생각해봐야겠다. 재미있을 거 같네. 어떻게 가입해야 돼?

여자: 온라인으로 가입 신청을 하면 돼.

16과 요가를 배울까 해요.

[더 나아가기1] Q.

남자: 제니퍼, 요새 요가 배우지?

여자: 응, 일주일에 세 번 체육관에 가서 배워.

남자: 자주 가네. 요가하면 뭐가 좋아?

여자: 마음이 편안해지고, 몸도 건강해져.

남자: 나도 요가를 배워볼까 하는데 남자도 쉽게 할 수 있을까?

여자: 그럼, 남자도 잘할 수 있어. 처음에는 조금 힘든데 나중에는 괜찮아.

남자: 그렇구나. 너 배우는 곳에서 나도 배울 수 있지?

여자: 그럼, 다음 주 월요일에 같이 가자. 편한 옷만 가지고 오면 돼.

남자: 알았어. 그때 보자.

[더 나아가기1] R.

여자: 마이클, 얼굴이 안 좋아 보이는데 무슨 일 있어?

남자: 동생이 오토바이 사고가 나서 병원에 입원했어.

여자: 어머, 많이 다쳤어?

남자: 응. 목하고 허리를 많이 다쳤어.

여자: 그럼, 오늘도 병원에 가 봐야겠네.

남자: 응, 학교 끝나고 가 볼까 해.

여자: 속상하겠다. 얼른 나았으면 좋겠다.

남자: 걱정해 줘서 고마워.

[더 나아가기2] Q.

여자: 모하메드, 오늘 요가 수업은 할 만했어?

남자: 오늘 좀 힘들었어.

여자: 너 오늘 처음이잖아. 처음에는 누구나 어려워.

남자: 너는 어때?

여자: 나도 1년이나 배웠는데 아직도 조금 힘들어.

남자: 그래도 요가를 하고 나서 몸이 좀 가벼워진 것 같아.

여자: 너 혼자 남자라서 불편하지 않았어?

남자: 그건 좀 불편했지만 선생님이 잘 도와주셔서 괜찮았어.

여자: 다행이다. 앞으로 계속 나올 거야?

남자: 나는 일주일에 두 번만 하려고 해. 너는?

여자: 나는 일주일에 세 번 하고 있는데 두 번만 해도 괜찮아. 그럼, 수요일에 볼까?

남자: 그래, 이틀 후에 봐.

NEW GENERATION KOREAN Series

NEW GENERATION KOREAN Series consists of *NEW GENERATION KOREAN 1* for beginner level and *NEW GENERATION KOREAN 2* for intermediate level, and *NEW GENERATION KOREAN 3* for advanced level. *NEW GENERATION KOREAN* Series includes a textbook and a workbook. Textbook and workbook are available in both paper and digital formats.

NEW GENERATION KOREAN TEXTBOOK 2 can be used for both in-class and self-study for beginning-level Korean learners who want to understand, speak, read, and write contemporary Korean as well as learn about Korean culture.

NEW GENERATION KOREAN WORKBOOK 2 provides students with additional skill practice and textbook chapter reviews.

You can download the whole audio files of *NEW GENERATION KOREAN* Series from https://newgenkorean.com

Milton Keynes UK
Ingram Content Group UK Ltd.
UKHW052107150524
442765UK00010B/346